La marca del Instituto Cervantes y su logotipo son propiedad exclusiva del Instituto Cervantes.

Este método se ha realizado de acuerdo con el Plan Curricular del Instituto Cervantes, en virtud del Convenio suscrito el 12 de marzo de 2002.

ISBN: 2-09-034391-5
Nº de editor: 10 130 139
Depósito legal: Agosto 2006
Impreso en España por Mateu Cromo | Printed in Spain by Mateu Cromo

index

Entra en el *chat* de "Así Me Gusta"

(Enter in the "Así Me Gusta" Chat)

What are these people saying?

a) —Buenos días.
—Hola, buenos días.

b) ____

c) ____

d) ____

2 Write down 10 professions and complete the chart. You can use the vocabulary below.

	masculino	femenino	masculino y femenino
1. estudiante			✓
2.			
3.			
4.			
5.			
6.			
7.			
8.			
9.			
10.			

Complete the information following the model.

a) Isabel Allende es escritora. Es chilena y vive en EEUU.

b) Antonio Banderas ____ español y Melanie Griffith ____ estadounidense. Los dos ____ actores. ____ en Hollywood.

c) Albert Costa ____ español. ____ en Barcelona. ____ tenista.

d) Raúl ____ español. ____ futbolista. ____ en Madrid.

Listen to how these people are introduced during a trip and fill-in the boxes.

nombre	profesión	edad	ciudad	país
Gloria López	pensionista	sesenta y cinco años		Cuba
John Haliday	profesor		Londres	
Anne Allen				Estados Unidos
Naoko Yamaha			Tokio	

Complete the dialogues with the appropriate questions. There is more than one appropriate question for each answer.

a

–

–Marta Vázquez.

b

–

–Vivo en Italia, pero soy chileno.

c

–

–Cincuenta años.

d

–

–Sí, mi teléfono es el 967 414 567.

e

–

–Sí, paloma.corto@udn.es.

f

–

–Soy economista.

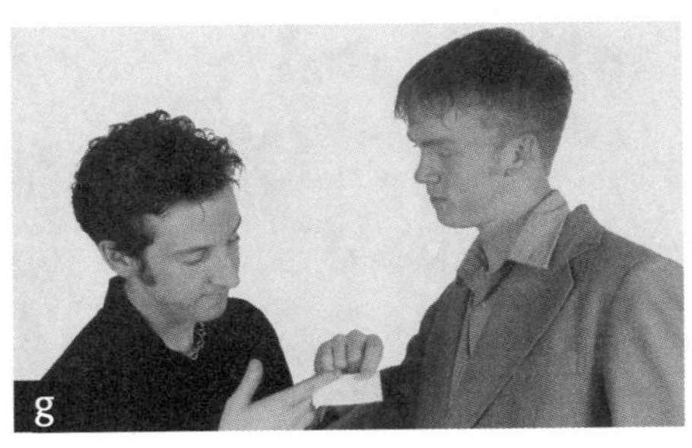
g

–

–Soy sueco, de Estocolmo.

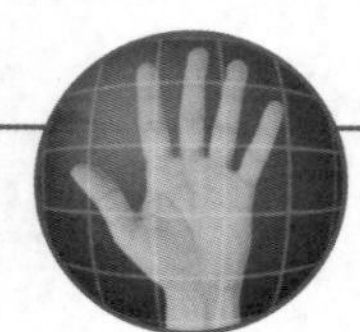

6 Introduce these people. Imagine what they are like. Follow Laura's introduction as a model.

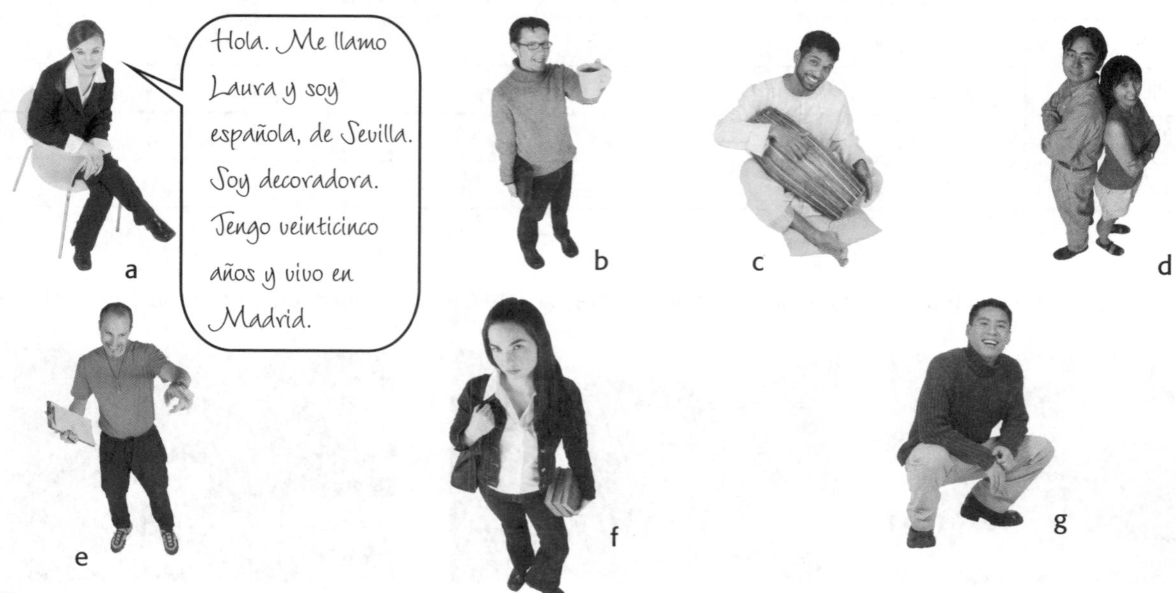

Hola. Me llamo Laura y soy española, de Sevilla. Soy decoradora. Tengo veinticinco años y vivo en Madrid.
a
b
c
d
e
f
g

7 Spanish is the language of 20 countries. Do you know what they are?

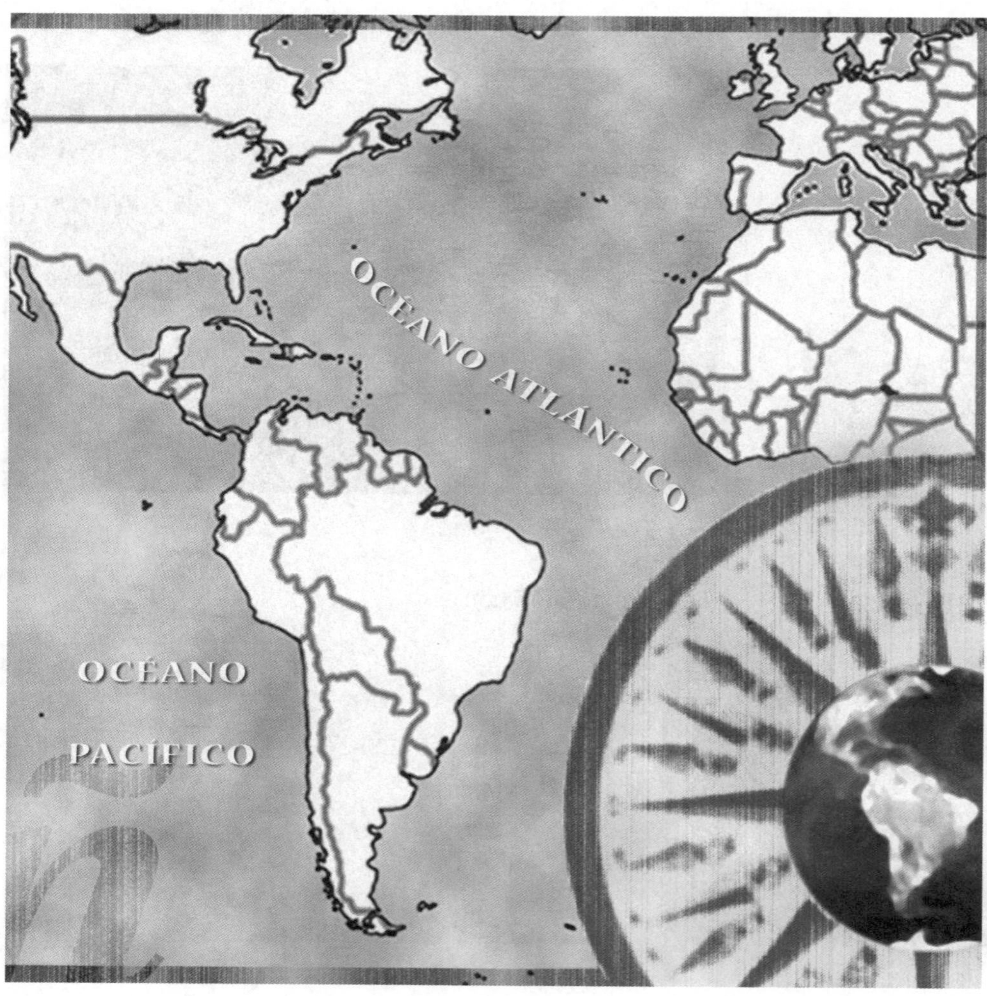

1. España
2. Colombia
3. Chile
4. Bolivia
5. México
6. Cuba
7. Guatemala
8. Costa Rica
9. ________
10. ________
11. ________
12. ________
13. ________
14. ________
15. ________
16. ________
17. ________
18. ________
19. ________
20. ________

 Complete the chart with the countries and nationalities that are missing.

país	nacionalidad
España	español, española
México	_______ _______
_______	colombiano, colombiana
Cuba	_______ _______
_______	nicaragüense
_______	boliviano, boliviana
El Salvador	salvadoreño, _______
Uruguay	_______ _______
_______	paraguayo, paraguaya
República Argentina	_______, argentina

país	nacionalidad
_______	chileno, chilena
Venezuela	_______, venezolana
_______	costarricense
República Dominicana	_______ _______
Guatemala	guatemalteco, _______
_______	ecuatoriano, ecuatoriana
Panamá	_______, panameña
Honduras	hondureño, _______
Perú	_______ _______
Puerto Rico	_______, puertorriqueña

 Where are these objects from?

a) *La moto Harley es* _______________

b) *El coche Mercedes es* _______________

c) *El reloj de cuco es* _______________

d) *Las chanclas son* _______________

e) *El abanico es* _______________

f) *El vodka es* _______________

10 Complete the ID card with information about one of your classmates.

CENTRO DE AUTOAPRENDIZAJE *«ASÍ ME GUSTA»*

Nombre: _______________

Apellidos: _______________

Edad: _______________

Nacionalidad: _______________

Profesión: _______________

Domicilio: _______________

Teléfono: _______________

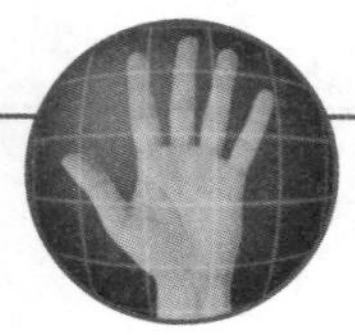

11 Listen and write down the following telephone numbers of interest.

a) Aeropuerto: ______________________
b) Policía: ______________________
c) Teatro Nacional: ______________________
d) Bomberos: ______________________

12 Complete these series of numbers.

a) 1, 3, 5, 7... ______________________ 21
b) 20, 40, 60... ______________________ 200
c) 5, 10, 15, 20... ______________________ 80
d) 100, 200, 300, 400... ______________________ 1.500
e) 4, 6, 8, 10... ______________________ 20

- Now read the series of numbers out loud.

13 Write and read these numbers.

a) 15 ______________________
b) 150 ______________________
c) 1.500 ______________________
d) 15.000 ______________________
e) 150.000 ______________________
f) 1.500.000 ______________________
g) 15.000.000 ______________________
h) 150.000.000 ______________________

14 Put the following dialogues in the correct order.

Profesora: ¡Ah! ¿Y a qué te dedicas?

Chica: Noriko.

Profesora: Buenos días.

Chica: Soy secretaria de dirección.

Profesora: Me llamo Pepa López y soy la profesora de español. ¿Y tú cómo te llamas?

Chica: Soy japonesa, de Tokio.

Profesora: ¿De dónde eres?

Chica: Buenos días.

____
____
____
____
____

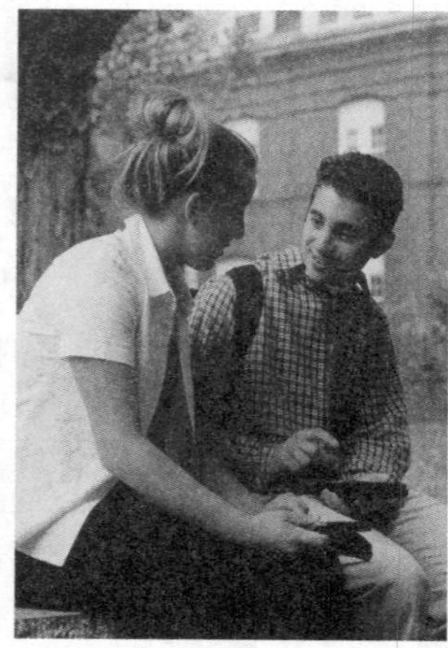

Chica: Pues, yo trabajo en una oficina, soy contable.

Chica: Hola, ¿qué tal?

Chico: No, soy de California.

Chica: No eres español, ¿verdad?

Chico: Bien, ¿y tú?

Chico: Soy estudiante, estudio informática. ¿Y tú?

Chica: ¡Ah! ¿Y a qué te dedicas?

____
____
____
____
____

15 *Tú or usted?* Listen to dialogues *a-e* and indicate if the dialogues use the *tú* (informal) or *usted* (formal) forms.

	tú	usted
a)		
b)		
c)		
d)		
e)		

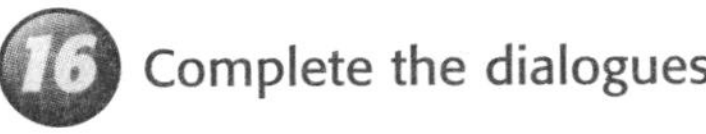

16 Complete the dialogues.

a

David: Keiko, ¿________?

Keiko: Veinticuatro, y ¿tú, David?

David: Yo, ________ veinte y ¿tú Ali?

Alicia: Yo ____________ veintiséis.

Keiko: David, tú, ¿a qué te dedicas?

David: Soy ____________ y ¿tú?

Keiko: Pues, ________ periodista.

b

Ana: Hola, Marta, mira este es Paul.

Marta: Hola, ____________

Paul: Hola, bien ¿y tú?

Marta: ____________

Paul: Soy francés, de Normandía.

c

Alfonso: Mira Javier, te presento a Raúl Alcorta, el jefe de ventas.

Javier: Encantado.

Alfonso: Javier, Raúl es el nuevo comercial de la empresa.

Raúl: ¿Cómo está ____________?

Javier: ____________, gracias y ¿usted?

Raúl: Muy bien.

d

Hombre: ¿Cómo____________?

Mujer: Natalia Grawobska.

Hombre: Perdón. ¿Puede ____________?

Mujer: Natalia Grawobska.

Hombre: Y ¿cómo ____________?

Mujer: Grawobska, *g, r, a, w, o, b, s, k, a.*

Pronunciation

17 The letters *b* and *v* are pronounced the same in Spanish: *Valencia, Barcelona, Buenos Aires, Varadero.* Read the following words.

a) *Boca, vaca.* b) *Buenas, vino.* c) *Vale, bola.* d) *Buda, boda.*

- Now listen.

18 In some cases the letters *g* and *j* have similar pronunciations, but *g* has two different pronunciations depending on the vowel that follows it:

g + e, i	*j + a, e, i, o, u*	*gu + e, i*	*g + a, o, u*
gente, Ginebra	*Jerez, jirafa*	La *u* no se pronuncia, se dice *guerrilla, guitarra*	*gato, gorra*

- Read the following words:

a) *gitano, jinete* b) *Jijona, gigante* c) *jefe, general* d) *jota, jersey* e) *gato, Guillermo* f) *Guinea, gol*

- Now listen

19 Listen to the two conversations. Focus on the intonation of the questions.

Elige ...

(Choose ...)

Complete the blanks in the following dialogue with the appropriate verbs in the present tense.

ser	tener	llevar

Chico: Perdona, ¿sabes quién __________ María? Es que tengo un mensaje para ella.
Chica: Sí. María _________ la chica que _________ una camisa negra.
Chico: Hay dos chicas que ________ una camisa negra.
Chica: ¡Es verdad! María ________ la chica morena, que _________ el pelo rizado y ________ gafas.
Chico: Vale, gracias.

1 **Who are you? Describe yourself.**

Yo soy ______________________________
____
_________. Tengo______________________
________________. Llevo ______________

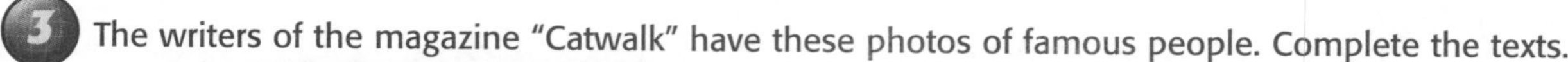

3 **The writers of the magazine "Catwalk" have these photos of famous people. Complete the texts.**

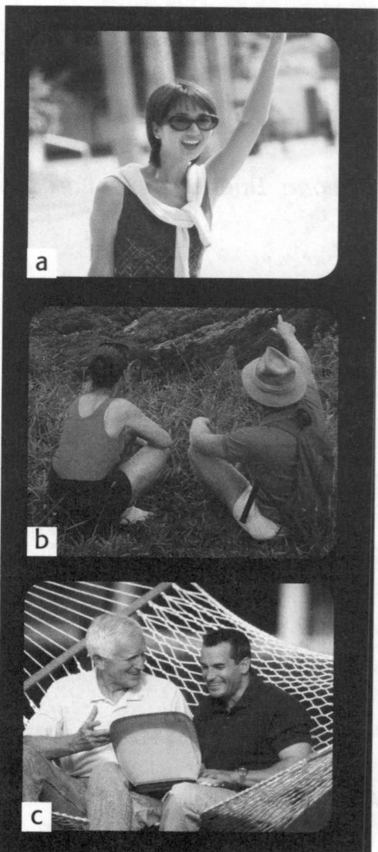

a) La actriz Carmen Ventura con un vestido, un__________ y unas gafas de sol a la salida de los estudios de grabación.

b) El pintor Ruiz con su mujer en Mallorca. Él lleva_______
____
____

c) El escritor Augusto García con su agente literario vestidos con ______________
____
____

d) La actriz Marisa Antúnez que ahora lleva el pelo ______ y _____ , vestida con ______________ , y su hermana en la inauguración de un centro comercial.

• Physical Descriptions • Character/Personality Descriptions • Identifying Others • Introducing Others
• Giving Opinions and Argumentation

Who is who? These are some famous Spanish fashion designers. Relate the descriptions to the photos.

Antonio Miró es catalán. Es alto y lleva gafas. No tiene mucho pelo, es calvo. En la foto aparece con una camisa y una americana. Su estilo es de líneas simples y elegantes.

Adolfo Domínguez es gallego. Es bajito y bastante delgado. Es moreno y tiene el pelo corto. Su estilo es clásico pero también moderno.

Ágatha Ruiz de la Prada es madrileña. Su estilo es informal y lleno de color. En la foto lleva un vestido de su última colección.

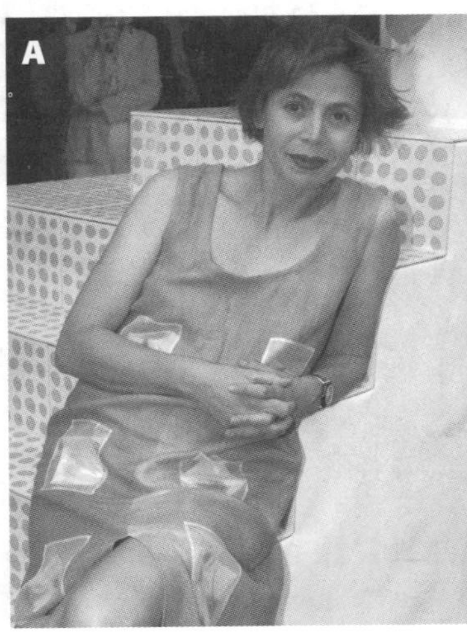
A

B

C

Who are the designers of these clothes?

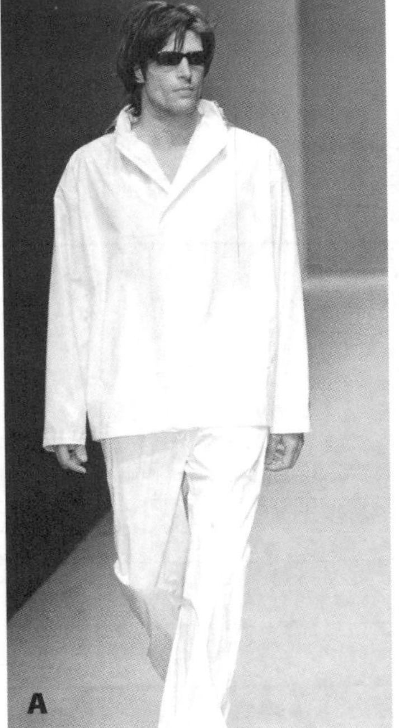
A

____

B

____

C

____

- Listen and check your answers

• Physical Descriptions • Character/Personality Descriptions • Identifying Others • Introducing Others
• Giving Opinions and Argumentation

6 Complete the following "missing person" announcements with the following adjectives.

calvo	bajo	negra	blanca	delgada	liso	negros	negras

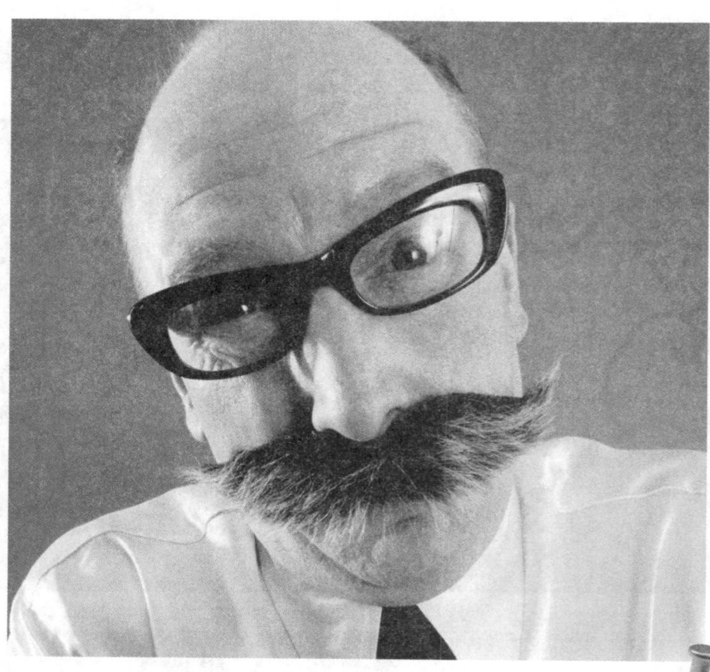

Señor de cincuenta y cinco años, ______________ y ______________. Lleva gafas ________________ y tiene bigote. Teléfono: 977 88 65 21.

Chica joven, alta y ____________ , tiene el pelo ___________ y lleva camiseta ________________, falda _____________ y zapatos ___________ .
Teléfono: 654 64 91 38.

7 What color is ...?

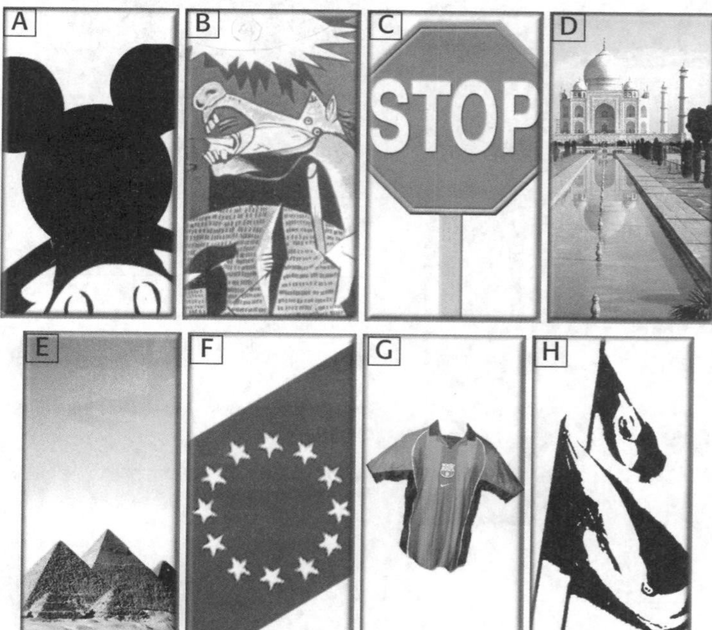

a) ______________________________

b) ______________________________

c) ______________________________

d) ______________________________

e) ______________________________

f) ______________________________

g) *La camiseta de mi equipo...* ____

h) *La bandera de mi país...* _____

Complete this e-mail from a Spanish teacher who is sick and is giving information about her students to the substitute teacher.

De: lolaramos@hotmail.es Para: mariagil@yahoo.es
Asunto: clases

Querida María:
No es un grupo muy grande. Es pequeñ___. Son siete estudiantes de distint_ países. Cuatro estudiant___ son australian_____. Son dos chic___ y dos chicos. L____ chic___ se llaman Mary y Kimberley. Mary es alt___ y rubi___. Tiene diecinueve años y estudia español porque quiere ir a vivir a Guatemala. Kimberley es de Sydney. Tiene también diecinueve años. Es moren_ con l_ oj_ grand_ y negr_. Es de origen español y estudia español para hablar con la familia de su madre que vive en Madrid. L____ dos chic___ australian___ son de Melbourne. Son hermanos. Son muy parecidos físicamente. Los dos son pelirroj__ y con l____ oj___ verd____. Son alt___ y atlétic___. John tiene dieciocho años y Lloyd tiene veinte. John estudia español porque quiere trabajar en el futuro en una compañía multinacional en Chile. Su novia es chilen_. Lloyd estudia Relaciones Internacionales porque quiere viajar por todo el mundo. También estudia japonés, francés y ruso.
Dos estudiantes son italianos. Se llaman Marco y Paolo. Marco tiene veinticinco años y es de Milán. No es muy alto. Tiene el pelo rizado y negro. Estudia español _________ trabaja en una gran compañía española y ahora vive en Madrid con su familia. Está casado y tiene un hijo pequeño. Paolo es de Roma. Es muy alto. Mide casi dos metros. Tiene veintiún años. Estudia arqueología en la Universidad de Roma y estudia español ______ visitar el Machu Picchu el año próximo. Una estudiante es japonesa. Se llama Rie. Estudia español _________ viajar a Sevilla y aprender flamenco con una profesora española. Rie habla español muy bien ________ tiene muchos amigos españoles y habla mucho con ellos. Ya conoces a mis estudiantes. Suerte.

Un abrazo,
Lola.

Complete the introductions of the persons in the photos. Remember, you can use the words from the box below.

este/esta/estos/estas	muy/bastante/poco

A
Estas son Marta y Carmen. Son muy alegres.
B
_________ es Derek. Es músico. Es _____________ .
C
_________ son Paco, Luis y Javier. Paco y Luis son _________, pero Javier es_____________
D
_____________ son Michael y Larry, son _____________.
E
_________ es Marilyn. Es _________ _________ .

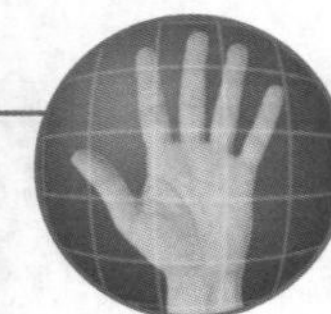
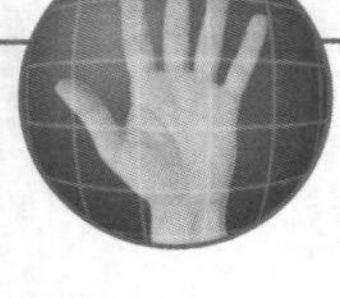

10 Gabriel is a screenwriter. Complete the descriptions of the characters of his new movie with the verbs that are missing.

Juanjo

Carmen

Kasper

Raquel

Luis Enrique

Juanjo: _______ alto y delgado. _______ el pelo bastante corto. _______ los ojos marrones, muy marrones. _______ ropa muy informal. _______ fotógrafo y _________ para varias revistas. _______ simpático y un poco tímido. _______ veintinueve años.

Carmen: _______ rubia. _______ el pelo liso. _______ los ojos marrones. _______ muy moderna. _______ faldas cortas y ropas de muchos colores. _______ estudiante. _______francés, inglés, italiano y alemán. _______ muy inteligente y también bastante sexy. _______ veintitrés años.

Luis Enrique: ____________ moreno. _______ venezolano. _______ ropa muy cómoda e informal. Nunca _______ corbata. _______ muy divertido y simpático. _______ estudiante y ahora _______ en Madrid. _______ veintitrés años.

Kasper: _______ bastante alto. _______ rubio. _______ los ojos verdes. _______ danés. _______ estudiante de empresariales y ahora _______ prácticas en una empresa en España. _______ veintisiete años.

Raquel: No _______ muy alta. _______ el pelo castaño y bastante largo. _______ los ojos marrones. Siempre _______ ropa de colores oscuros. _______ periodista. _______ amable y muy cariñosa. _______ veintiocho años.

11 There are many pronouns in these dialogues. Cross out those that aren't necessary (see the example).

Ejemplo:
+ ¡Hola! ¿Cómo te llamas **tú**?
* **Yo** me llamo Ana ¿y **tú**?
+ **Yo**, Juan.

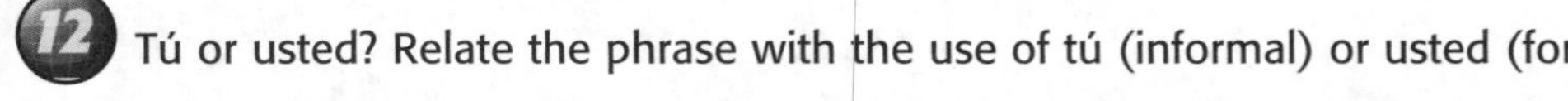

a
+ ¿Eres **tú** francesa?
* No, **yo** soy alemana, **yo** me llamo Ingrid. ¿**Tú** te llamas Paola, verdad?
+ Sí, **yo** Paola.

b
+ ¿Dónde vives **tú** en Barcelona?
* **Yo** vivo en la calle Aragón. ¿Y **tú**?
+ Pues, **yo** vivo en la calle Rosellón.

c
+ ¿Quién es el que lleva sombrero? **Él** es muy guapo.
* **Él** es Peter, un estudiante de español de mi clase. **Él** es noruego y **él** es muy simpático.

d
+ ¿Por qué estudiáis español **vosotros**?
* **Yo** estudio español para encontrar un buen trabajo.
+ Pues, **yo** porque quiero hablar muchas lenguas.

e
+ ¿Eres **tú** nervioso?
* Sí, **yo** soy bastante nervioso.

12 Tú or usted? Relate the phrase with the use of tú (informal) or usted (formal).

	tú	usted		tú	usted
a) ¿Cómo se llama?		✓	g) ¿Cómo está?		
b) ¿Cómo eres?			h) ¿Tiene teléfono?		
c) ¿Cómo te llamas?			i) ¿Dónde vive?		
d) ¿Quién es?			j) ¿Tienes correo electrónico?		
e) ¿Cómo estás?			k) ¿Dónde vives?		
f) ¿A qué se dedica?					

• Physical Descriptions • Character/Personality Descriptions • Identifying Others • Introducing Others
• Giving Opinions and Argumentation

 Complete the following cartoon strip with greetings. Follow the model.

	Adiós	¿Qué tal tú?
Hola.	Gracias por el desayuno, buenos días.	Gracias.
	~~Venga, nos vemos.~~	

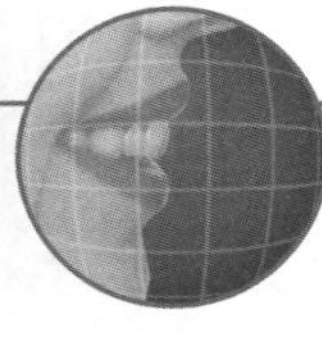

Pronunciation

 In Spanish the letter *r* changes its pronunciation depending on where it appears in the word.

- Vocal + *r* + vocal: *amarillo, para*
- Vocal + *rr* + vocal: *marrón*
- Vocal + *r* + consonante: *verde, porque*
- Vocal + *r: viajar, conocer*
- *R* al principio de la palabra: *rosa, rojo*
- Consonante + *r* + vocal: *gris, negro*

● Read and listen to the following words.

a)	*naranja*	*noruego*	*perro*	*carro*
b)	*parque*	*carné*	*llevar*	*tener*
c)	*Ramón*	*ropa*	*tres*	*traje*

● Now listen again

15 Listen to the following text.

Focus on the pauses used.

Observe: When we speak we make pauses. These pauses help to present the information.

● Now you read the text.

La gente aprende español en muchos países del mundo. En Estados Unidos el español es la lengua extranjera más hablada y más estudiada. En Iberoamérica en casi todos los países hablan español. En Brasil la gente habla portugués y también muchas personas estudian español en las escuelas para comunicarse y porque quieren hacer negocios y trabajar con los países que hablan español y que forman la organización Mercosur, pero también estudian español para viajar. En general, muchas personas estudian español para encontrar trabajo, para viajar, para hablar con amigos españoles o porque quieren estudiar en España o, porque tienen un novio o una novia que habla español o, simplemente, porque les gusta la lengua.

Dime qué te gusta

(Tell Me What You Like.)

1 Listen to the following dialogues and mark if they express a like or a dislike.

a)  

b) 

c)  

d) Hombre  

Mujer  

e) Hombre  

Mujer  

2 What do you like in Spanish class?

	me gusta/n	me gusta/n mucho	no me gusta/n	no me gusta/n mucho	no me gusta/n nada
estudiar gramática					
escribir					
escuchar audiciones					
ver vídeos					
trabajar en parejas					
practicar la pronunciación					
leer					
escuchar canciones					
aprender vocabulario					
las correcciones					
usar el diccionario					

- Compare your responses with those of your partner.

• Expressing likes/dislikes • Talking about interests/hobbies • Reacting to things you like • Expressing gratitude/thanks

3 Connect the elements from the three groups to make sentences.

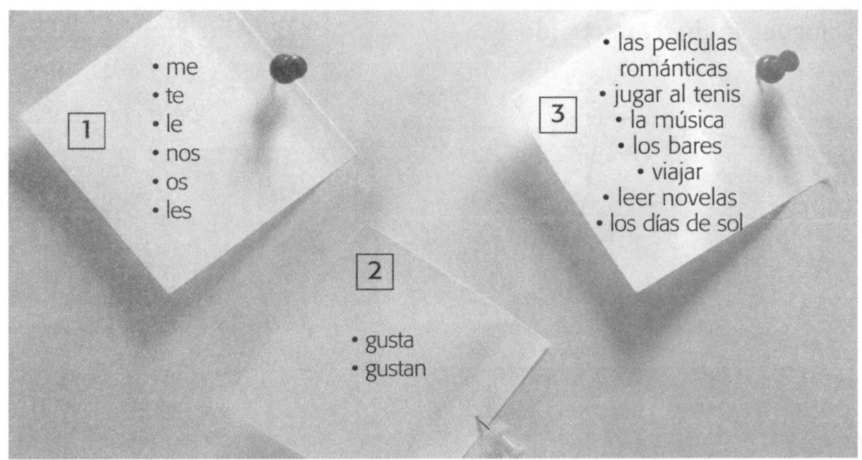

● What do you like? Select two things from the third group that you like and two things that you don't like.

____

____

4 Complete with the correct pronouns.

A mí ___ gusta ver vídeos para aprender español. Sí, ver películas, movimiento. Si veo imágenes es más fácil comprender lo que dicen. También ___ gusta escuchar canciones, pero canciones conocidas; ___ gusta escuchar las canciones de los grupos que se oyen en la radio, en la disco, ya sabes.... Pero, a mi compañero hay muchas cosas que no ___ gustan, por ejemplo, no ___ gusta la gramática, no soporta estudiar los verbos irregulares, es que no ___ gustan nada. A ninguno de los dos ___ gusta practicar la pronunciación. ¡Oh! ¡Es terrible! No soportamos estudiar en el laboratorio de idiomas. No ___ gusta nada estar horas y horas escuchando: «Escucha y repite.... píííííííííííí». Trabajar en grupo es difícil porque a unos ___ gustan unas cosas y a otros ___ gustan otras. Y a vosotros, ¿qué ___ gusta hacer en la clase de español?

5 React to the following statements by indicating your likes/dislikes.

Ejemplo: —*A mí me gusta mucho tomar el sol y estar en la playa.*
—*Pues a mí no.*

a) A ella le gusta bastante la música clásica.

____

b) A nosotras nos gusta muchísimo viajar.

____

c) A los chicos de mi clase les gusta hacer deporte.

____

d) A la gente no le gustan los lunes por la mañana.

____

e) A mí no me gustan nada los ejercicios de gramática.

____

f) No soporto el café sin azúcar.

____

g) A él le gusta mucho ir al cine.

____

h) A nosotros no nos gusta trabajar.

____

i) A ellos les gusta nadar en el mar.

____

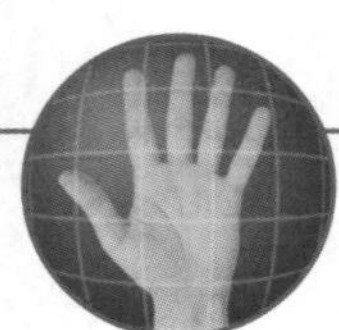

6 Put the following dialogues in the correct order.

A

–¿Cuáles? ¿Los azules?
Sí. ¿No te gustan?
–La verdad, no mucho.
Pero, si a ti te gustan...
–Mira qué zapatos más bonitos.

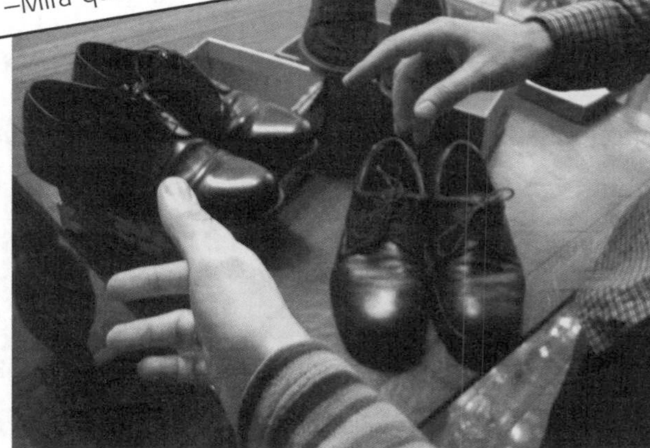

–¡Qué bien! Me encanta el arroz con tomate.
–Hola, hijo.
–Paella.
–Hola. ¿Qué hay para comer?

B

C

–¡Ala! ¡Qué exagerada!
–No, Alejandro Martín, no. A mí me gusta su música.
–A mí el último disco de Alejandro Martín me gusta, me gusta bastante.
–Su música, su música, pero si no sabe cantar. Tiene una voz horrorosa.
–¿En serio te gusta Alejandro Martín?
–¿Cuál es tu cantante preferido?

D

–Pues a mí me gusta mucho. Pero si a ti no te gusta, vamos a ver otra película.
–¿Qué hacemos? ¿Vamos al cine?
–¿Tu actor preferido? A mí no me gusta nada. No lo soporto.
–La última de Andy García, mi actor preferido.
–Vale. ¿Qué vamos a ver?

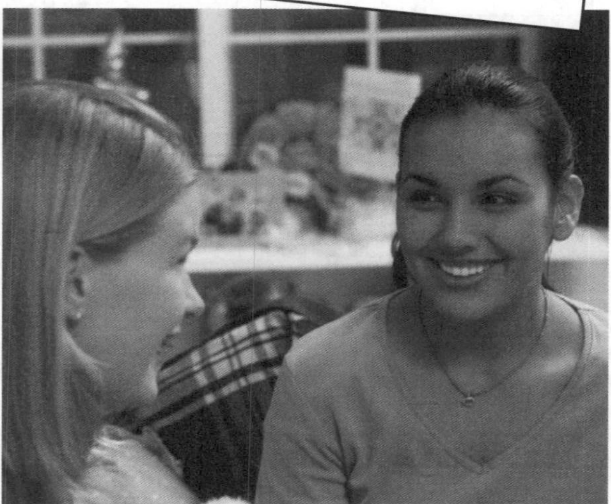

 Find the words related to likes, interests, and hobbies. There are 15 words.

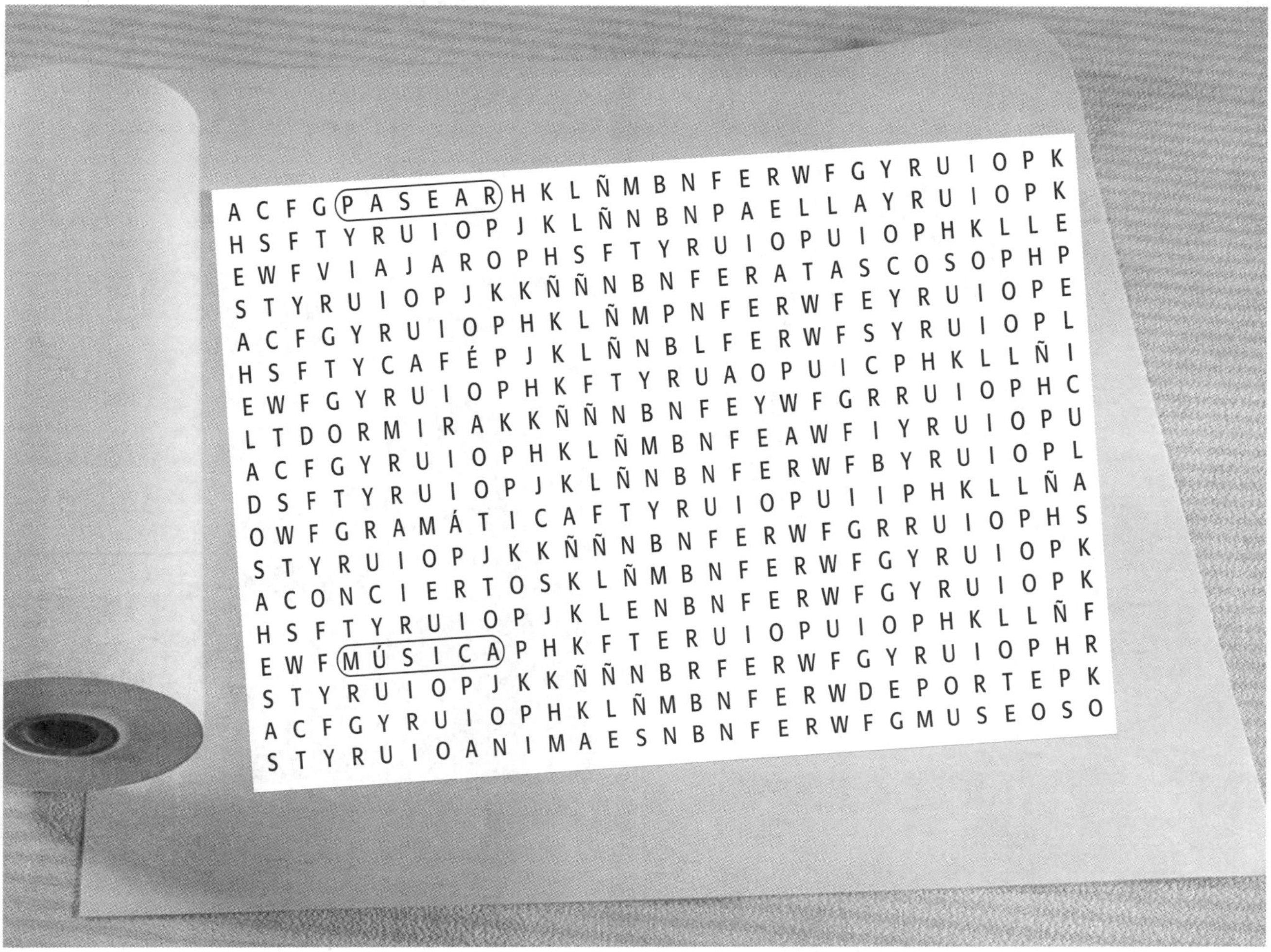

A C F G P A S E A R H K L Ñ M B N F E R W F G Y R U I O P K
H S F T Y R U I O P J K L Ñ N B N P A E L L A Y R U I O P K
E W F V I A J A R O P H S F T Y R U I O P U I O P H K L L E
S T Y R U I O P J K K Ñ Ñ N B N F E R A T A S C O S O P H P
A C F G Y R U I O P H K L Ñ M P N F E R W F E Y R U I O P E
H S F T Y C A F É P J K L Ñ N B L F E R W F S Y R U I O P L
E W F G Y R U I O P H K F T Y R U A O P U I C P H K L L Ñ I
L T D O R M I R A K K Ñ Ñ N B N F E Y W F G R R U I O P H C
A C F G Y R U I O P H K L Ñ M B N F E A W F I Y R U I O P U
D S F T Y R U I O P J K L Ñ N B N F E R W F B Y R U I O P L
O W F G R A M Á T I C A F T Y R U I O P U I I P H K L L Ñ A
S T Y R U I O P J K K Ñ Ñ N B N F E R W F G R R U I O P H S
A C O N C I E R T O S K L Ñ M B N F E R W F G Y R U I O P K
H S F T Y R U I O P J K L E N B N F E R W F G Y R U I O P K
E W F M Ú S I C A P H K F T E R U I O P U I O P H K L L Ñ F
S T Y R U I O P J K K Ñ Ñ N B R F E R W F G Y R U I O P H R
A C F G Y R U I O P H K L Ñ M B N F E R W D E P O R T E P K
S T Y R U I O A N I M A E S N B N F E R W F G M U S E O S O

- Classify the words found above in the two columns

acciones	nombres
pasear	música

- Now write 5 actions, 5 nouns, and 5 adjectives

acciones	nombres	adjetivos
viajar	país	lejano

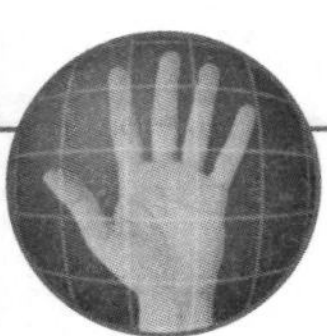

8 Listen and complete the text with the expressions that appear in the box.

1. ¿A mí?
2. Pues me gustan...
3. ¿Que qué me gusta a mí?
4. No sé...
5. Sí, eso es.
6. leer, ...sí, ...leer

Encuesta en la calle
«¿Qué es lo que más le gusta?»

Entrevistado 1:
—¿Qué es lo que más le gusta?
—_______________ (a)
—Sí, sí a usted.
—¿A mí? _______________ (b) Pues... No sé. Pues dormir. Sí, me encanta dormir.

Entrevistado 2:
—Yo... _____________ ... (c) A ver, lo que más me gusta es comer palomitas mientras veo una película. _________ (d) lo que más me gusta.

Entrevistado 3:
—_____________ (e) las películas de terror. Me encanta sentir miedo, el suspense, la tensión. ¡Es fantástico!

Entrevistado 4:
—Bueno, ____________(f) autobiografías. Me gusta conocer las historias personales, las relaciones de las personas, sus sentimientos, sus pensamientos... Es que yo soy muy curioso.

 9 Compare the two dialogues:

A

—¿Qué es lo que más le gusta?
—Yo, ... No sé... A ver... lo que más me gusta es comer palomitas mientras veo una película. Sí, eso es lo que más me gusta.

B

—¿Qué es lo que más le gusta?
—Lo que más me gusta es comer palomitas mientras veo una película.

- What are the differences in the two dialogues? Is the information the same?

____

____

Pronunciation

 10 How do you pronounce the vowels *e* and *i* in your language?

- Pronounce these words in Spanish

beso *cine* *pelo*
liso *te* *gris* *media*

- Listen and check the pronunciation

 11 Read the following sentences that use the pronouns *me* and *mi*.

a) Me llamo Pepa, ¿y tú?
b) ¿A ti te gusta Barcelona?
c) A mí, sí.
d) Me gusta pasear en bicicleta.
e) Me encanta la música.
f) A nosotros nos gusta mucho salir de noche.
g) Pues a mí, no.

- Now listen

 12 Listen to the following conversation and mark the pauses.

Chica: ¿Te gusta viajar?
Chico: ¿Viajar? ¿A mí?
Chica: Sí sí a ti.
Chico: No no me gusta. No soporto viajar.
Chica: ¿Y no te gustan los aviones?
Chico: No.
Chica: ¿Pero te gusta conocer gente nueva?
Chico: No no me gusta. Estoy muy bien en casa.
Chica: ¿Y visitar museos?
Chico: No no me gustan los museos. ¡Qué aburrido!

Observe: In Spanish when we answer a question in the negative, we repeat the negation (no) twice. Example: ¿Te gusta viajar? No no me gusta viajar. (Do you like to travel? No, I don't like to travel.)

Vive día a día

(Daily life)

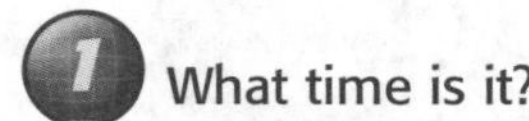

1 What time is it?

- What do you think the people in these cities are doing at the hours indicated?

____

____

2 One day in the life of shipwrecked person. Explain what the person is doing in the images. You have to use the words in the box.

por la mañana	por la tarde	después de	al final	y	antes de	por la noche

• Talking about daily life schedules • Talking about habitual actions • Giving opinions • Reacting to observations - Talking about the family

3 Write down activities that you always do and never do. Afterwards, compare them with those of your partner.

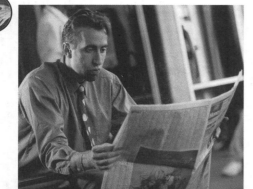

Yo siempre...	*Yo nunca...*
Yo siempre leo el periódico.	

4 Write a list of things you think your classmates do in these situations. Afterwards, if you don't know what they do in any of the situations listed, ask them

un lunes por la mañana — un domingo por la noche — a la hora de la comida
el viernes por la noche — un día de fiesta — un día de trabajo por la noche
un fin de semana largo — un domingo por la mañana

5 Here is a list of modern day activities. Do you think the list is missing anything? Add what you think is missing.

La vida moderna	¿Cuándo? (siempre, normalmente, a veces, nunca, casi nunca, a menudo)
Comer una hamburguesa o patatas fritas.	
Ir a la peluquería.	
Leer un libro.	
Buscar novio o novia.	
Ir al cine.	
Ir a un restaurante.	
Hablar por teléfono.	
Estudiar idiomas.	
Comprar algo innecesario.	
Buscar trabajo.	
Hacer un viaje.	
Comer pasta o pizza.	
Hacer régimen.	
Beber Coca-Cola.	
Navegar por Internet.	
Hacer deporte.	
Tomar una copa.	
Otros.	

- Complete the chart with how often you do the activities. Afterwards, ask your classmates how often they do the activities.

6 Some students in Spanish class have written a list of things they think are old fashioned. Do you agree? Make of list of things your class thinks are old fashioned.

NOSOTROS NO:

- paseamos
- lavamos la ropa a mano
- planchamos • cosemos
- jugamos a las cartas
- dibujamos
- escribimos cartas
- vamos de vacaciones con nuestros padres
- **visitamos a familiares**
- compramos flores a la abuela
- **escribimos poesía**
- llevamos corbata

La lista de la clase

Nosotros no:

7 Enrique's agenda isn't very well organized. Explain in chronological order what he does during the day using the symbols as a guide.

Ejemplo: *Se levanta a las siete y cuarto y después...*

8 The other Spaniards. People who live in Spain. How do they live? What do they do? Fill-in the blanks in the first text using the present tense of the verbs. Afterwards, write a short text about the French woman using the information provided.

Un escocés
Nombre: **Angus McGregor.**
Edad: **31.** Nacionalidad: **escocés de Glasgow (Reino Unido).** Residencia: **Badalona.** En España: **desde hace tres años.** Estado civil: **soltero.** Profesión: **fotógrafo.** Trabajo: **profesor de inglés.** Mañanas: **clases de inglés en una empresa holandesa (horario, 8.30 h-10.00 h). Clases de español (horario, 12.00 h-14.00 h).** Comida: **14.30 h.** Trabajo con clases de inglés particulares: **casa (horario, 16.00 h-17.00 h).** Trabajo tardes: **clases de inglés en una academia (18.00 h-21.00 h).** Cena: **22.00 h.** Ir de copas con amigos: **23.30 h.** Hora de acostarse: **2.00 h.**

________ (llamarse) Angus McGregor y _______ (tener) treinta y un años. _______ (ser) escocés de Glasgow. _______ (vivir) y ________ (llevar) tres años en España. _________ (estar) soltero y __________________ (ser) fotógrafo, pero _____________ (trabajar) como profesor de inglés. Por las mañanas ____________ (dar) clases de inglés en una empresa holandesa, de 8.30 h a 10.00 h de la mañana. Después ______ (recibir) clases de español de 12.00 h a 14.00 h. __________ (comer) a las 14.30 h. Por la tarde, ________ (dar) clases particulares de inglés en su casa, de 16.00 h a 17.00 h y después ___________ (dar) clases en grupo en una academia de las 18.00 h a las 21.00 h. _________ (cenar) a las 22.00 h y luego _________ (ir) de copas con sus amigos a un bar a las 23.30 h. _____________ (acostarse) a las 2.00 h de la mañana.

Se llama...
____
____
____
____
____
____
____
____
____
____
____
____

Una francesa
Nombre: **Marie Dalouze.**
Edad: **26.** Nacionalidad: **francesa de origen caribeño.** Residencia: **Madrid.** En España: **desde hace nueve meses.** Estado civil: **soltera con compañero.** Trabajo: **tienda de artesanía indígena.** Mañanas: **en la tienda (horario 10.00 h-14.00 h).** Clases de español: **martes y jueves (horario 13.00 h 14.00 h).** Comida: **15.30 h.** Tardes: **trabajo en tienda (horario, 16.00 h-20.00 h).** Clases de cocina española en una academia: **21.00 h-22.00 h.** Cena: **22.30 h con su compañero en su casa.** Hora de acostarse: **24.00 h.**

9 Listen to the interview with a newly married couple. Check the activities that each of them does.

	él	ella
a) Trabaja todo el día.	❑	❑
b) Vuelve a casa a las 8.30 h o a las 9 h.	❑	❑
c) Empieza a trabajar a las 7 h de la mañana.	❑	❑
d) Va al supermercado y lava la ropa.	❑	❑
e) Cocina muy bien.	❑	❑
f) Lava los platos.	❑	❑
g) Limpia la casa.	❑	❑

10 David and Gemma eat at their parents' house on Sunday. Listen and relate the expressions/sentences in the right column to the situations in the left column.

Situaciones	Frases
a) Decir algo positivo sobre una comida.	• *Salud, chin, chin.*
b) Reaccionar ante un cumplido.	• *Lo siento, la comida está muy buena, pero estoy lleno.*
c) Ofrecer más comida o bebida.	• *¿Quieres un poco más?*
d) Explicar que no se quiere comer más.	• *Gracias, pero no tenías (teníais) que comprar nada. No era necesario.*
e) Agradecer un regalo de un invitado.	• *No pasa nada, alegría, alegría.*
f) Brindar.	• *No es para tanto, no está mal.*
g) Decir algo cuando cae vino o cava en la mesa.	• *Está muy rica.*

11 Who are they? Explain what the family relationships are between the people in the images.

a

b

c

a: ______________________

b: *La chica es Blancanieves, el señor es su padre y la señora es su madrastra, la esposa de su padre.*

c: ______________________

d

e

d: ______________________

e: ______________________

12 Look at the calendar and mark the holidays that you celebrate with your family. Explain the calendar to your classmates.

cumpleaños de mi madre → 21 de febrero (circled)

aniversario de boda de mis padres → 16 de julio (circled)

ENERO

L	M	M	J	V	S	D
		1	2	3	4	5
6	7	8	9	10	11	12
13	14	15	16	17	18	19
20	21	22	23	24	25	26
27	28	29	30	31		

FEBRERO

L	M	M	J	V	S	D
					1	2
3	4	5	6	7	8	9
10	11	12	13	14	15	16
17	18	19	20	(21)	22	23
24	25	26	27	28		

MARZO

L	M	M	J	V	S	D
					1	2
3	4	5	6	7	8	9
10	11	12	13	14	15	16
17	18	19	20	21	22	23
24/31	25	26	27	28	29	30

ABRIL

L	M	M	J	V	S	D
	1	2	3	4	5	6
7	8	9	10	11	12	13
14	15	16	17	18	19	20
21	22	23	24	25	26	27
28	29	30				

MAYO

L	M	M	J	V	S	D
			1	2	3	4
5	6	7	8	9	10	11
12	13	14	15	16	17	18
19	20	21	22	23	24	25
26	27	28	29	30	31	

JUNIO

L	M	M	J	V	S	D
						1
2	3	4	5	6	7	8
9	10	11	12	13	14	15
16	17	18	19	20	21	22
23/30	24	25	26	27	28	29

JULIO

L	M	M	J	V	S	D
	1	2	3	4	5	6
7	8	9	10	11	12	13
14	15	(16)	17	18	19	20
21	22	23	24	25	26	27
28	29	30	31			

AGOSTO

L	M	M	J	V	S	D
				1	2	3
4	5	6	7	8	9	10
11	12	13	14	15	16	17
18	19	20	21	22	23	24
25	26	27	28	29	30	31

SEPTIEMBRE

L	M	M	J	V	S	D
1	2	3	4	5	6	7
8	9	10	11	12	13	14
15	16	17	18	19	20	21
22	23	24	25	26	27	28
29	30					

OCTUBRE

L	M	M	J	V	S	D
		1	2	3	4	5
6	7	8	9	10	11	12
13	14	15	16	17	18	19
20	21	22	23	24	25	26
27	28	29	30	31		

NOVIEMBRE

L	M	M	J	V	S	D
					1	2
3	4	5	6	7	8	9
10	11	12	13	14	15	16
17	18	19	20	21	22	23
24	25	26	27	28	29	30

DICIEMBRE

L	M	M	J	V	S	D
1	2	3	4	5	6	7
8	9	10	11	12	13	14
15	16	17	18	19	20	21
22	23	24	25	26	27	28
29	30	31				

Read the two e-mails from the two students.

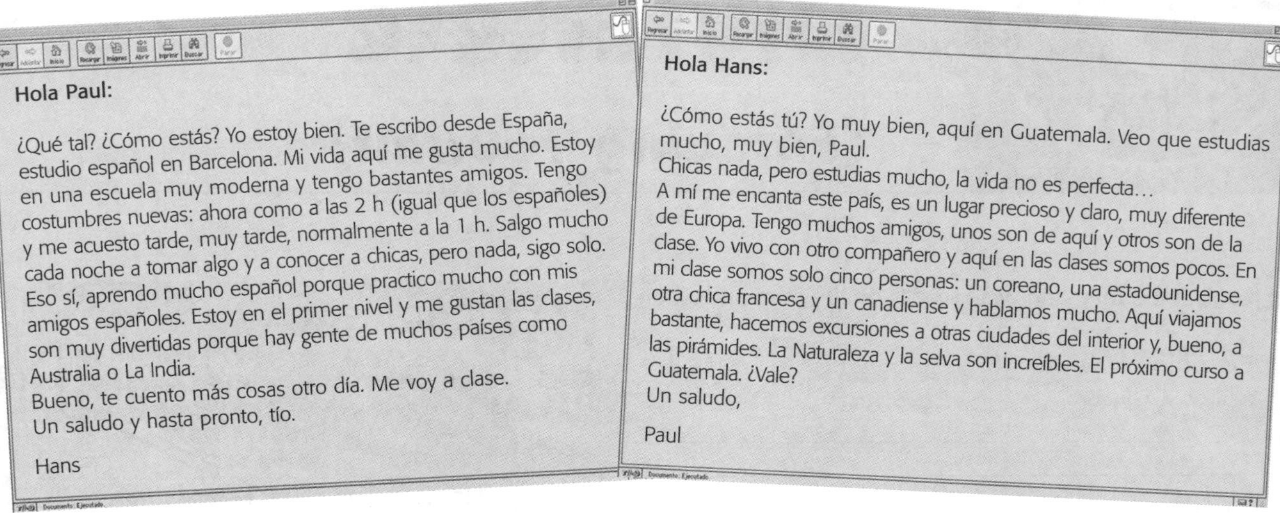

Hola Paul:

¿Qué tal? ¿Cómo estás? Yo estoy bien. Te escribo desde España, estudio español en Barcelona. Mi vida aquí me gusta mucho. Estoy en una escuela muy moderna y tengo bastantes amigos. Tengo costumbres nuevas: ahora como a las 2 h (igual que los españoles) y me acuesto tarde, muy tarde, normalmente a la 1 h. Salgo mucho cada noche a tomar algo y a conocer a chicas, pero nada, sigo solo. Eso sí, aprendo mucho español porque practico mucho con mis amigos españoles. Estoy en el primer nivel y me gustan las clases, son muy divertidas porque hay gente de muchos países como Australia o La India.
Bueno, te cuento más cosas otro día. Me voy a clase.
Un saludo y hasta pronto, tío.

Hans

Hola Hans:

¿Cómo estás tú? Yo muy bien, aquí en Guatemala. Veo que estudias mucho, muy bien, Paul.
Chicas nada, pero estudias mucho, la vida no es perfecta...
A mí me encanta este país, es un lugar precioso y claro, muy diferente de Europa. Tengo muchos amigos, unos son de aquí y otros son de la clase. Yo vivo con otro compañero y aquí en las clases somos pocos. En mi clase somos solo cinco personas: un coreano, una estadounidense, otra chica francesa y un canadiense y hablamos mucho. Aquí viajamos bastante, hacemos excursiones a otras ciudades del interior y, bueno, a las pirámides. La Naturaleza y la selva son increíbles. El próximo curso a Guatemala. ¿Vale?
Un saludo,

Paul

- Now write an e-mail like the ones Hans and Paul have written. If you want, you can write to a friend or a classmate.

Pronunciation

How do you pronounce these words?

buenas *hielo* *bien* *cien* *luego*

- Listen and check the pronunciation

Phonetic bingo. Mark the words you hear.

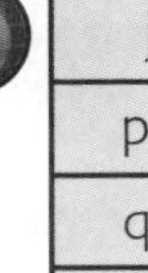

juego	quiero	podéis	empiezas
pueden	empezamos	juegas	empezáis
quieren	empiezo	queréis	podemos
puede	juega	quieres	jugáis
quiere	jugamos	empieza	empieza
juegan	puedo	queremos	puedes

Practice with your partner. Follow the instructions and play.

piensan	pienso	almuerza
duermen	almuerzan	piensas
piensa	almuerzo	duermo

Instructions:
- One player marks 5 words and reads them.
- The other player listens and marks the words he/she hears.
- Afterwards, the players check to see if they have the same words marked.
- Repeat the process, but changing roles

What do these expressions mean? How do you pronounce them?

¿Sí? *¡Claro!* *¡Ala!* *¡Vaya!*
¡Qué bien! *¡Venga!* *¿De verdad?* *¡Sí!*
¡Qué dices! *¡Caramba!* *¡Que no!*

- Listen and check your answers

Diviértete
(Enjoying Yourself)

Look at the map and write what's on the map and where.

Ejemplo: *Hay una farmacia que está enfrente de la salida del metro...*

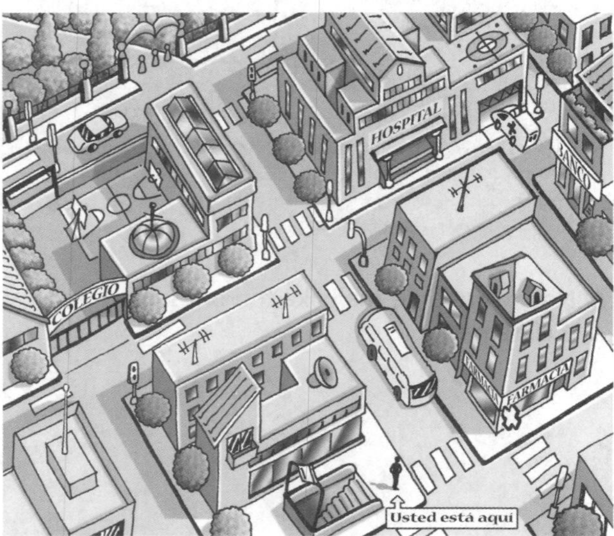

- Now, draw the neighborhood where you live in your notebook. Include the shops and the most important services (e.g. hospital/clinic, etc) on the map.

2 The magazine "Cities of the World" states that a good city to live in is one that has specific services. Below are the "grades" the different services of San Martin have received.

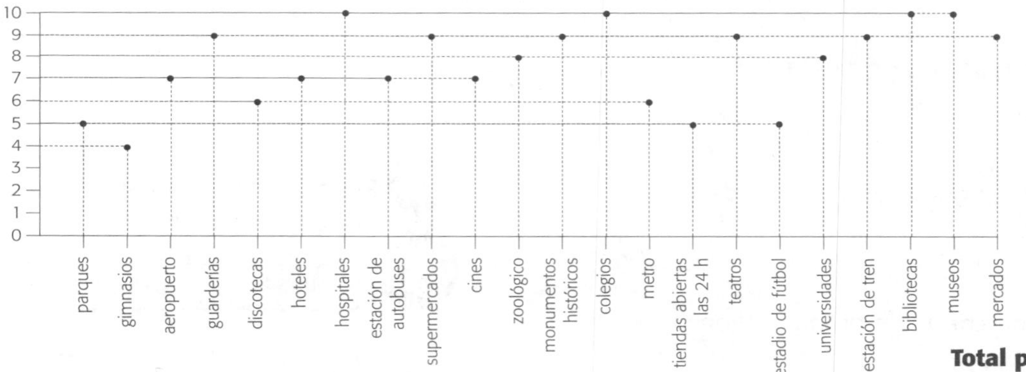

Total puntos: 169

- Now, grade your city. Would one consider it a good city to live in? Look at the services, put a grade, and add up the points you've given it.

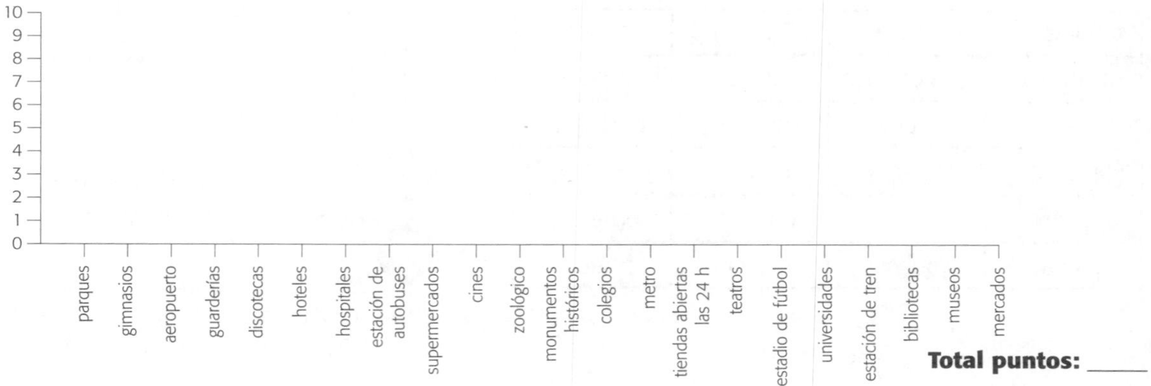

Total puntos: _____

- Compare your information with that of your classmates

• Talking about places/location • Making an appointment/date • Giving directions Argumentation

3 Listen to the following invitations and write down the responses to the invitations.

a) ¿Cenamos el sábado por la noche? ____________________

b) ¿Quieres ir a la playa mañana? ____________________

c) ¿Te apetece ir a esquiar este fin de semana? ____________________

4 How's your imagination? Your friends invite you to do different activities. Give excuses for not being able to do each of them and don't repeat an excuse.

a) Esta semana hay una película nueva sobre extraterrestres. ¿Te apetece ir al cine el domingo por la tarde para verla?

Lo siento, es que el fin de semana voy a esquiar con Luis y... ____________________

b) Mi madre cocina los caracoles de una forma muy especial. ¿Quieres comer con mi familia este sábado?

____

c) Somos pocos para jugar al baloncesto. ¿Te apetece jugar con nosotros?

____

d) Mañana por la noche voy a un concierto de flauta con Juana. ¿Quieres venir con nosotros?

____

e) Tengo entradas para ver una ópera de Wagner. ¿Quieres venir conmigo y con María?

____

f) Este fin de semana salimos los compañeros de clase para practicar español. ¿Vienes?

____

5 Make a list in your notebook of all the activities you do everyday. Compare your list with that of your partner. Do you lead similar or very different lives?

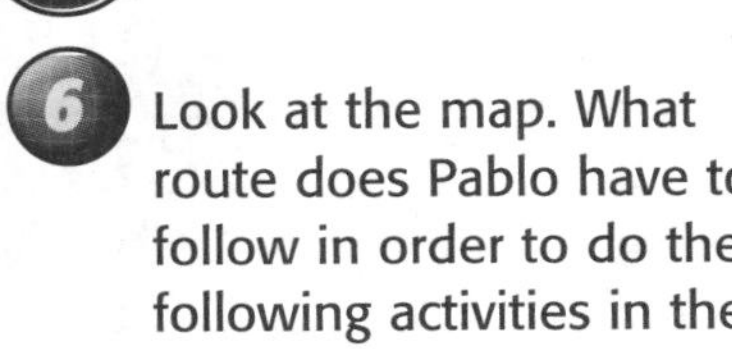

6 Look at the map. What route does Pablo have to follow in order to do the following activities in the least amount of time?

- Recoger al niño en la escuela.
- Ir al mercado para comprar la comida.
- Llegar a su casa y preparar la comida.
- Ir al quiosco a comprar el periódico.

Primero ....,
luego ....
.........................., después ....
.... y, finalmente ....
....

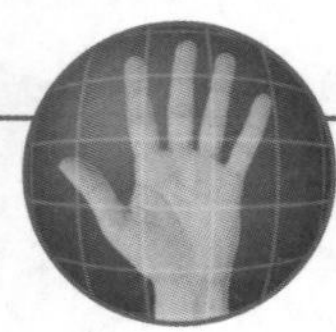

7 You're giving a party at your house. Give directions to your classmates on how to get to your house from school. Use a map and explain the route.

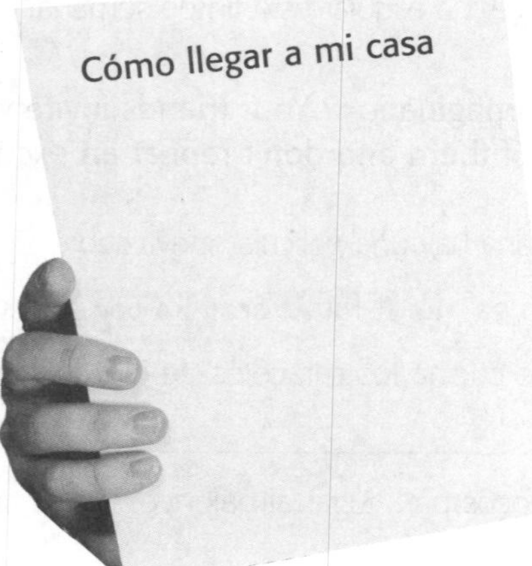

8 **Complete the following diagram with vocabulary related to:**

- Tipos de vivienda
- Partes de una casa
- Muebles

● **Focus on the example**

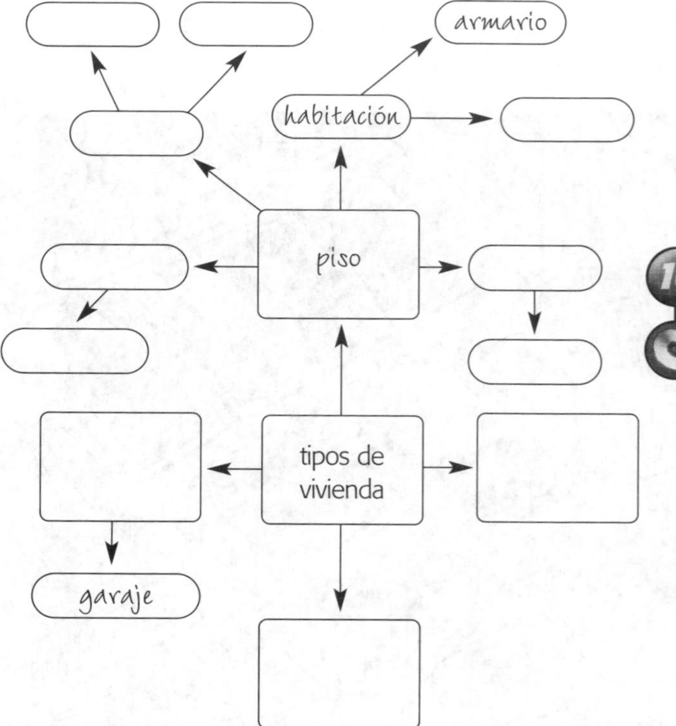

9 **Complete the sentences with the following verbs:**

• hay • está • están

a) **A:** ¿Sabes dónde están los libros de ciencias?
B: Sí, ____________ en la estantería, al lado de la mesa.

b) **A:** ¿__________ alguna farmacia, por aquí?
B: Sí, ____________ una en esta calle, al final.

c) **A:** No sé dónde ____________ mi agenda.
B: Creo que __________ encima de la mesa.

d) **A:** ¿__________ agua en la nevera?
B: Pues no sé, pero fuera de la nevera sí.

e) **A:** ¿______________ alguna parada de autobús cerca de tu casa?
B: No, no hay ninguna, pero ____________ una estación de metro.

10 **Listen to Luis and use the information in the two puzzle pieces to complete the sentences below.**

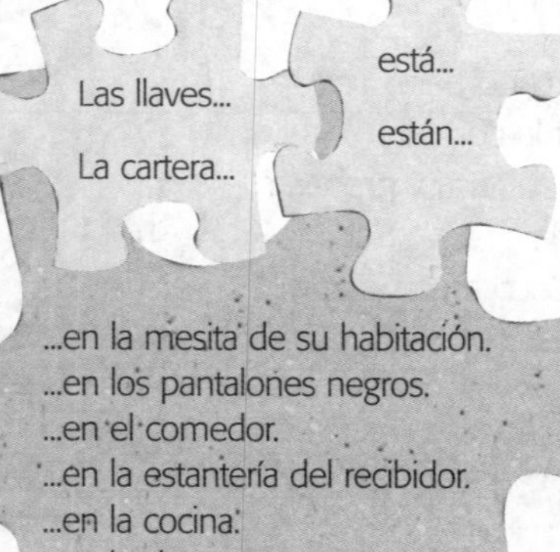

• Talking about places/location • Making an appointment/date • Giving directions Argumentation

11 Put each piece of furniture in a room on the floor plan.

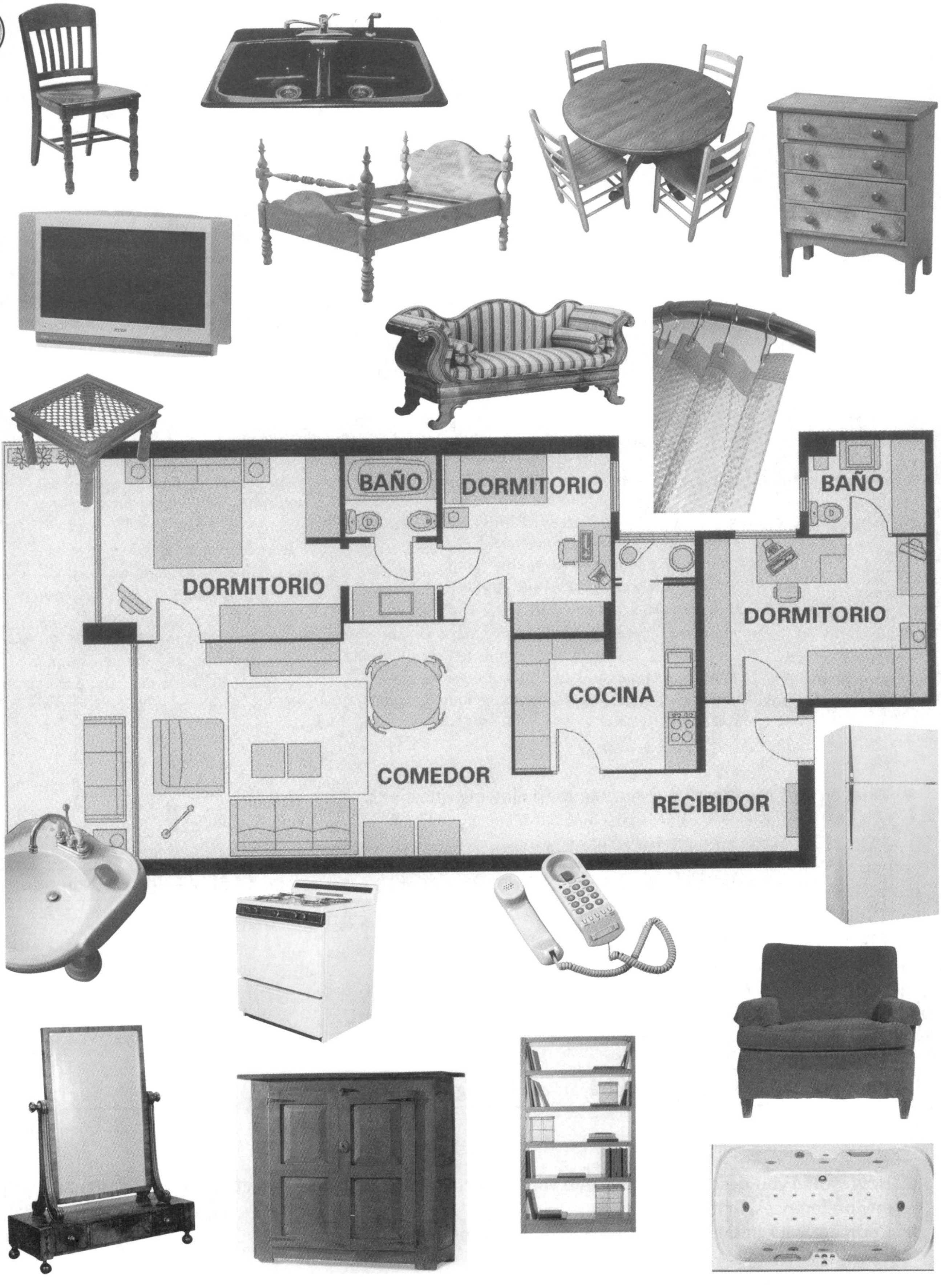

BAÑO
DORMITORIO
BAÑO
DORMITORIO
DORMITORIO
COCINA
COMEDOR
RECIBIDOR

● You partner has to try and guess where the objects are on the floor plan. You can only answer yes or no

• Talking about places/location • Making an appointment/date • Giving directions Argumentation

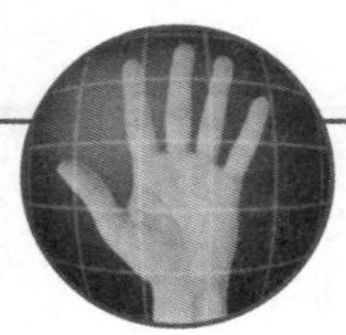

12 Read the following text in which restaurant experts give opinions about their clients.

CAFÉ, COPA Y PURO

Para saber cómo son los clientes de un restaurante, hay que hablar con los camareros, con los propietarios, con las personas que trabajan en él. Esta semana presentamos un reportaje en el que se recogen algunas opiniones de los profesionales de la restauración.

Entrevistador: ¿Qué opina usted de sus clientes?
Camarero: Bueno, no todos son iguales. Hay gente simpática y gente antipática, hay de todo.
Entrevistador: Sí, pero seguro que hay clientes que le gustan más que otros.
Camarero: Pues sí, mire. No soporto a los hombres de negocios que van bien vestidos, con traje, corbata y que seleccionan en la carta los platos más baratos y que comprueban si la suma es correcta. Y, por supuesto, estos no dejan propina nunca.
Entrevistador: Parece que a los camareros no les gustan los clientes tacaños.
Camarero: Sí, pero hay más. Hay otros clientes que tampoco me gustan: son los clientes que entran solo a tomar café. Es muy difícil saber qué quieren tomar exactamente. Porque, ¿verdad que tomar un café parece fácil? Pues no, es sorprendente lo complicado que es. Primero, el café tiene que ser cortado, y para otros el café tiene que ser descafeinado, la leche, descremada y con sacarina. Y hay más, la leche siempre está muy caliente o muy fría.

Entrevistador: ¿Y usted? ¿Piensa igual que su empleado?
Propietario: Igual, igual, no... Las propinas son para los camareros, no son para el propietario. A mí hay otras cosas que no me gustan. No me gustan los clientes que no tienen gusto, que no saben apreciar la buena comida. Ya sabes, esos que beben café con leche o un refresco con la paella. A mí me gustan los clientes que comen de todo, que saben elegir un buen vino y que disfrutan después de la comida con un buen café y una charla agradable con los amigos, sin prisas, como se dice normalmente. Me gustan los clientes que después de comer, toman «café, copa y puro». Pero claro, eso se puede hacer en un buen restaurante como el mío. En un restaurante de menú no se puede estar toda la tarde, pero el precio también es muy diferente.

- What type of client are you? Answer the following questions.

	Sí	No	Depende
• ¿Seleccionas normalmente el plato más barato de la carta?			
• ¿Tomas café solo?			
• ¿Tomas café con sacarina o con leche descremada?			
• ¿Bebes algún refresco con la comida?			
• ¿Te gusta el buen vino?			
• ¿Dejas propina en los restaurantes?			
• ¿Comes de todo?			
• ¿Repasas la suma de la cuenta antes de pagar?			

- How would you describe yourself? Are you a difficult or a penny pinching client? Are you a client without any preferences, in a hurry ...?
- Compare your information with that of your partner.

13 There's a little confusion at the "Café Manolo". Put the following dishes in the correct order (1st course, 2nd course, etc.) for Monday's, Tuesday's and Wednesdays' set menus.

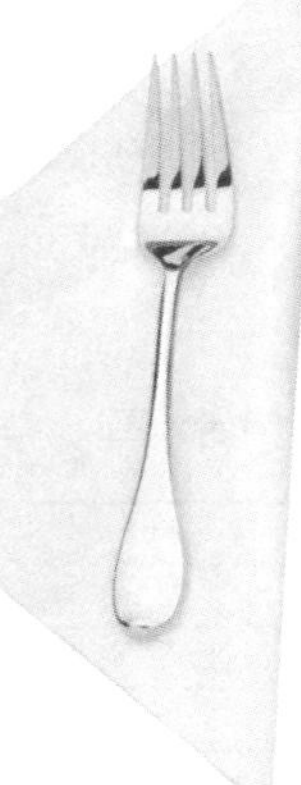

- ensalada
- fruta del tiempo
- judías con jamón
- pollo asado
- tarta de chocolate
- lomo con patatas
- sopa
- flan
- besugo al horno

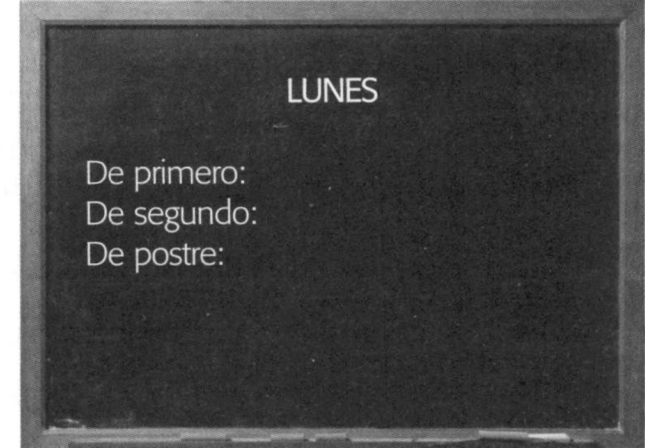

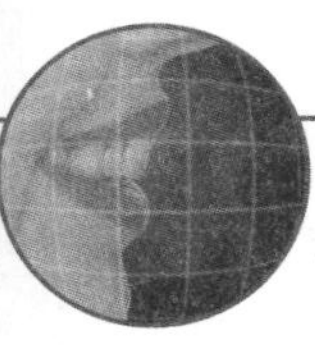

Pronunciation

14 **Listen to the dialogue between two people. Mark the pauses made by person B in the text.**

A: Oye, ¿haces algo mañana?
B: No de momento no tengo planes.
A: ¿Te apetece ir a comer con Eloy y conmigo?
B: ¿A comer?
A: Sí, vamos a un japonés.
B: Vaya lo siento no puedo es que esta mañana tengo que comer con mi familia es el cumpleaños de mi padre.
A: Entonces... ¿Qué tal el domingo?
B: El domingo tampoco puedo es que el lunes tengo un examen. ¿Quedamos el lunes después del examen?
A: Vale, ¿a qué hora y dónde?
B: A la 1 h en la puerta de la facultad.
A: Hasta el lunes y suerte.
B: Gracias nos vemos el lunes.

15 **Listen and mark at what time the people agree to meet in each of the dialogues.**

a) • 12.15 h • 12.04 h • 14.15 h
b) • 12.30 h • 14.30 h • 11.30 h
c) • 11.45 h • 11.56 h • 13.45 h
d) • 12.10 h • 14.10 h • 12.12 h

Vete de compras
(Shopping)

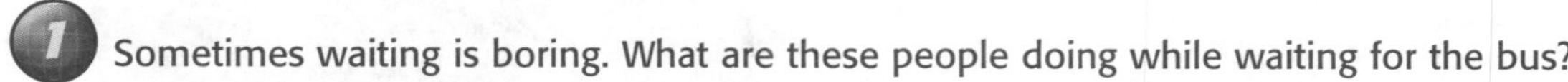

1 Sometimes waiting is boring. What are these people doing while waiting for the bus?

El que lleva traje de chaqueta está...

____

____

____

2 Write the names of the shops described in *a-j*

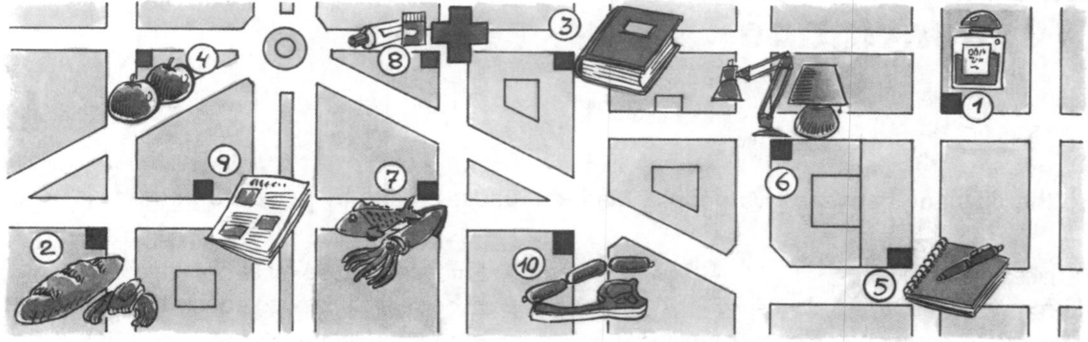

a) En la tienda número uno puedes comprar una botella de colonia. Es una ______________________

b) En la tienda número dos puedes comprar una barra de pan. Es una ______________________

c) En la tienda número tres puedes comprar un libro. Es una ______________________

d) En la tienda número cuatro puedes comprar manzanas. Es una ______________________

e) En la tienda número cinco puedes comprar un bolígrafo. Es una ______________________

f) En la tienda número seis puedes comprar una lámpara. Es una ______________________

g) En la tienda número siete puedes comprar sardinas frescas. Es una ______________________

h) En la tienda número ocho puedes comprar aspirinas. Es una ______________________

i) En la tienda número nueve puedes comprar un periódico. Es un ______________________

j) En la tienda número diez puedes comprar filetes de ternera. Es una ______________________

• Shopping • Comparing • Expressing quantities • Describing objects, places, and actions • Talking about shopping habits

3 Choose one of the products to buy.

- **Write a dialogue between you and the shopkeeper.**

¿Qué quiere? ¿Algo más? ¿Qué más?
¿Cuánto cuesta? ¿Cuánto vale?

____
____
____
____
____
____
____
____
____
____
____
____
____
____
____
____
____
____
____
____
____
____
____
____
____
____
____
____
____
____
____
____
____
____

4 **What does Elisa say? Choose the sentences from the box below to complete the dialogue.**

No. ¿Cuánto es?	Entera no, semidesnatada.
Sí, un paquete de galletas.	Un cartón de leche.
Uno natural y otro frito.	Dos botes de tomate.
5,50 €. ¿No? Aquí tiene.	Adiós. Buenos días.

No, ya está... ¡Ah, sí!, una lata de aceitunas.
Verdes, con hueso.
Grande, a mis hijos les encantan las galletas.

Dependiente: Buenos días. ¿Qué desea?
Elisa: ______________________________
Dependiente: ¿Desnatada, semidesnatada o entera?
Elisa: ______________________________
Dependiente: ¿Algo más?
Elisa: ______________________________
Dependiente: ¿Lo quiere grande o pequeño?
Elisa: ______________________________
Dependiente: Estas galletas suelen tener mucho éxito. ¿Algo más?
Elisa: ______________________________
Dependiente: ¿Natural o frito?
Elisa: ______________________________
Dependiente: ¿Algo más?
Elisa: ______________________________
Dependiente: ¿Verdes? ¿Sin hueso?
Elisa: ______________________________
Dependiente: ¿Algo más?
Elisa: ______________________________
Dependiente: La leche, las galletas, el tomate, las aceitunas..., cinco con 50 euros.
Elisa: ______________________________
Dependiente: Gracias. Adiós.
Elisa: ______________________________

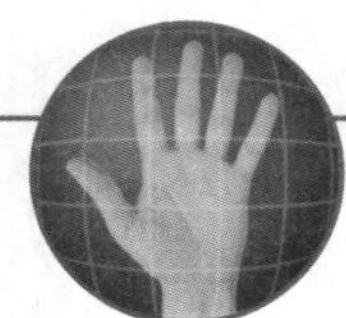

5 Complete the dialogues using *qué* or *cuál*.

a) –¿___________ haces?
–Nada, mirar la televisión.

b) –¿___________ te gusta más? ¿El bañador rojo o el verde?
–El verde. Es más moderno.

c) –¿___________ estás leyendo?
–Un libro de misterio.
–¿___________? ¿El último de Stephen King?
–Sí, y ya lo estoy terminando. Luego te lo presto.

d) –Voy a cenar con el hermano de Luis.
–¿Con ___________? ¿Con el mayor o con el pequeño?

6 Clara goes to the hair salon. First she talks with the receptionist and then with the hairstylist. Listen to the dialogues and using the information in the three boxes try to put the dialogues in the right order.

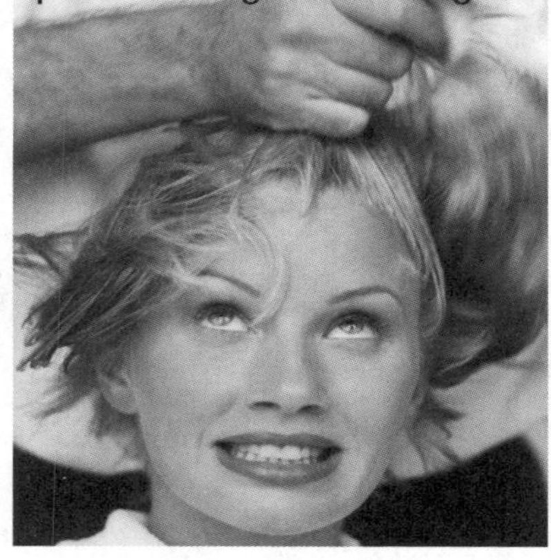

Recepcionista	Clara	Peluquero
Recepcionista: Buenos días. ¿Tiene cita? **Recepcionista:** Bueno, ¿qué quiere hacerse? **Recepcionista:** Muy bien. Por aquí, por favor, Clara. En seguida estamos con usted. ¿Quiere una revista? **Recepcionista:** No importa. Hoy no hay mucha gente. ¿Me dice su nombre, por favor?	**Clara:** No. **Clara:** Buenos días. **Clara:** Sí, por favor. Gracias. **Clara:** Cortar un poco el pelo. **Clara:** Clara Rodríguez. **Clara:** Pues... cortame un poco el pelo. **Clara:** ¿Sí? No sé, no estoy muy convencida. Siempre llevo el mismo color. **Clara:** No sé. Creo que no. Otro día. **Clara:** Muy bien, gracias.	**Peluquero:** Buenos días. ¿Qué tal está? **Peluquero:** Vamos a ver... ¿Qué quiere hacerse? **Peluquero:** Es decir, que quiere el pelo igual, pero más corto. ¿No? ¿Y qué tal si cambiamos el color? ¿Qué tal más oscuro? Un color más oscuro puede quedarle muy bien. **Peluquero:** Estupendo. Entonces solo cortar un poco. ¿Me acompaña por favor? Ahora Mario le lava el pelo y yo estoy enseguida con usted. ¿Vale? **Peluquero:** Un cambio de aspecto siempre es bueno.

Clara: Buenos días...

- Listen again and check your responses.

7 Relate salads *1-4* with options *a-d*. Afterwards put the ingredients in boxes *1-4* in the correct order in order to make each salad.

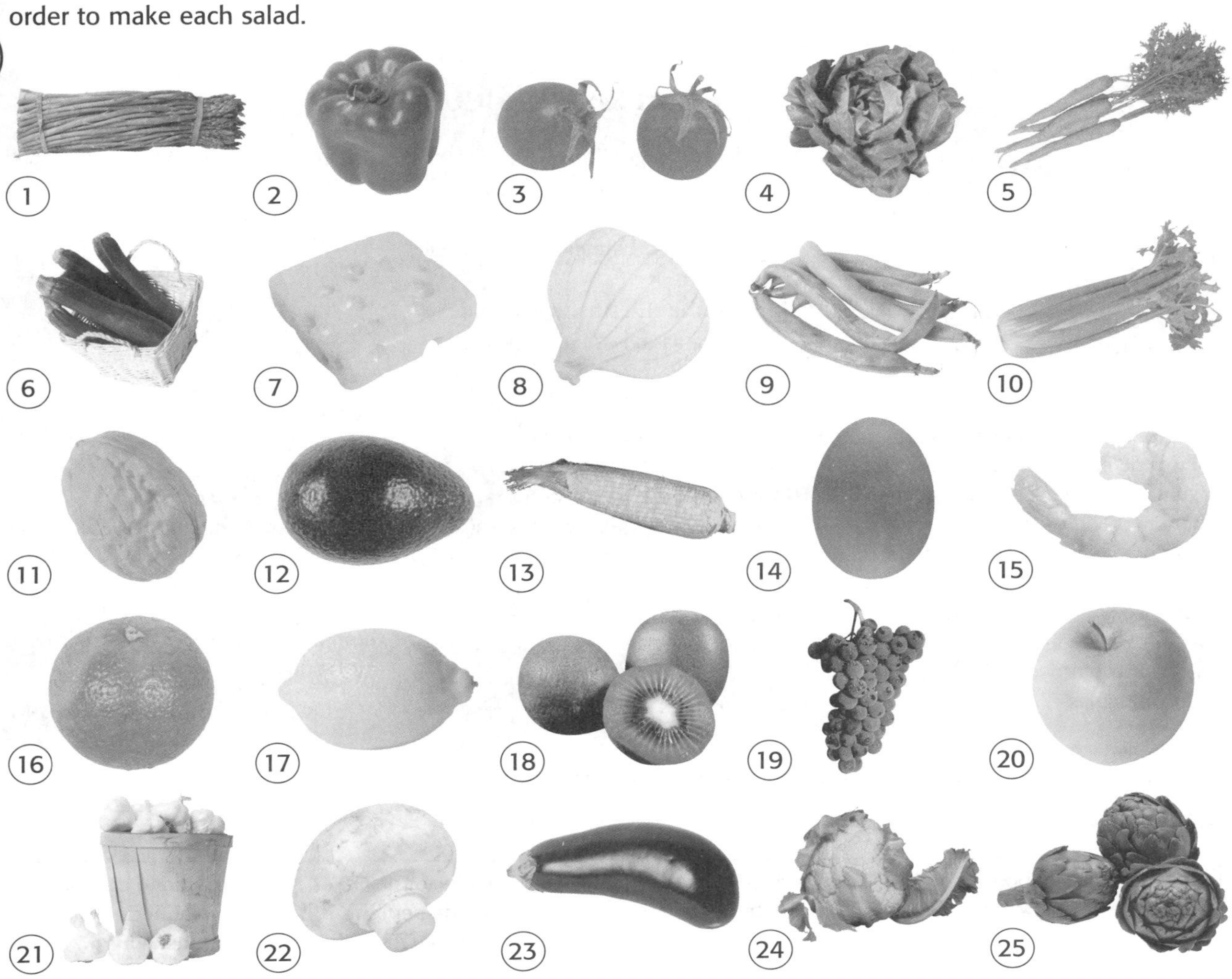

1 2 3 4 5

6 7 8 9 10

11 12 13 14 15

16 17 18 19 20

21 22 23 24 25

a) 20, 8, 7, 9, 11, 2 y 3.

b) 17, 4, 21, 14, 15, 7 y 10.

c) 17, 16, 1, 21, 6, 19 y 7.

d) 4, 12, 18, 3, 13 y 22.

1 **ensalada de la huerta**	2 **ensalada amarga**	3 **ensalada marinera**	4 **ensalada tropical**
Cocer las judías verdes. Después, agregar a las judías trozos de manzana, queso, un poquito de cebolla picada y pimiento. Decorar con nuez y rodajas de tomate.	Sobre una salsa de naranja amarga y limón, colocar los espárragos, el ajo, y los calabacines a la plancha, y el queso. Decorar con uvas.	Añadir a la lechuga zumo de limón, huevo, queso y un poquito de ajo. Adornar con gambas y trocitos de perejil.	Aguacate, lechuga, tomate, maíz, kiwis y trocitos de champiñón fritos.

- **Which salad do you like the best and why?**

Ejemplo: *La que más me gusta es la que lleva aguacate y champiñón.*

- **Compare what you like with that of your partner.**

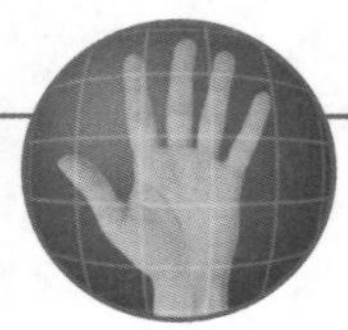

Read the text and then answer the questions.

GUÍA DE COMPRAS POR EUROPA

Lo más caro y lo más barato en euros

Las organizaciones europeas de consumidores recogen en una macroencuesta varios estudios comparativos de precios por sectores y países. Los resultados muestran que no se puede hablar de países caros o baratos, porque depende mucho del tipo de producto. Solo destaca el Reino Unido por ser más caro, mientras que los precios en Andorra (aunque no pertenece a la UE) son más baratos en la mayoría de los sectores. El estudio se centra en artículos fácilmente transportables.

- **Artículos deportivos.** Los más baratos en Andorra. Le sigue España a bastante distancia.
- **Informática.** Es mejor comprar en Alemania.
- **Fotografía.** En Austria se venden las cámaras más baratas, pero no los carretes fotográficos.
- **Pequeños electrodomésticos.** España tiene muy buenos precios en este sector.
- **Bricolaje.** Es mejor comprar las máquinas taladradoras en cualquier otro país, especialmente en Alemania, porque en España los precios son más caros.
- **Música en CD.** Los precios más interesantes vuelven a estar en Andorra.
- **Juguetes.** España tiene los mejores precios.
- **Perfumes.** Andorra es otra vez la más barata.
- **Artículos de precisión.** Para comprar calculadoras y agendas electrónicas es mejor ir a Francia o a Andorra. En Italia los relojes suelen ser bastante más baratos.
- **Audio.** A los consumidores españoles les interesa adquirir cadenas de música, auriculares en su país. Es mejor comprar reproductores portátiles de CD en Alemania, Austria y Holanda y radios de coche, en Italia.
- **Vídeo/DVD.** Resulta más barato comprarlos en Bélgica, Austria, Holanda o Luxemburgo.

(Texto adaptado de *Muy Interesante*)

- **In what country can you buy the articles listed below cheapest?**

Ejemplo: *Las zapatillas, en Andorra porque son más baratas.*

unas zapatillas deportivas	unos esquíes	un reproductor de CD	un aparato de vídeo
una cámara fotográfica	un carrete de fotos	un frasco de perfume	una muñeca
un microondas	una plancha	una máquina taladradora	un ordenador portátil
un reproductor de DVD			

Complete the dialogue with *lo, la, los, las*. Afterwards, listen to the dialogue and check your answers.

Javier: Uff... ¡Vaya día de compras? ¿Ya tenemos todo lo que necesitamos para la cena?
Sonsoles: Sí, vamos a ver, vamos a comprobarlo. Vamos a revisar la lista.
Javier: Tres bolsas de patatas fritas.
Sonsoles: No _______veo. ¡Ah! Sí, están aquí.
Javier: Pan de molde para los bocadillos.
Sonsoles: Aquí _______tengo y también el jamón dulce y los patés.
Javier: En esta bolsa también están los huevos.
Sonsoles: ¿Cuántos hay?
Javier: Docena y media, ¿no?
Sonsoles: Sí, sí, perfecto.
Javier: ¿Dónde están las tres botellas de vino?
Sonsoles: Aquí. ___________ pongo ya en el botellero.
Javier: Aquí están las tres latas de aceitunas rellenas... Vale.
Sonsoles: Las latas ______ coloco aquí. ¿Y las galletas? No _____ veo.
Javier: Mira ______.
Sonsoles: Es verdad, aquí están. ________pongo en el cajón.
Javier: Y por último, en la lista pone un paquete de mantequilla y el salmón. ¿______ ves?
Sonsoles: Sí, aquí están.
Javier: ¿Ya tenemos todo?
Sonsoles: Sí. Solo falta ahora preparar la cena.

3 You need dice for this activity. Read the following instructions and play the game with your partner

Ejemplo:
Alumno A: *(En su dado sale el número dos) → creativo.*
Alumno B: *(En el dado sale el número tres) → horario flexible.*
Alumno A y B: *Una profesión con estas características puede ser periodista. El periodista normalmente es una persona creativa y tiene un horario flexible.*

GAME INSTRUCTIONS
• Each player throws a die. • Each player writes down the information that corresponds to their die throw and their circle. • The two players then look for a profession that corresponds to the two characteristics that were a result of the dice throws.

Círculo para el alumno A

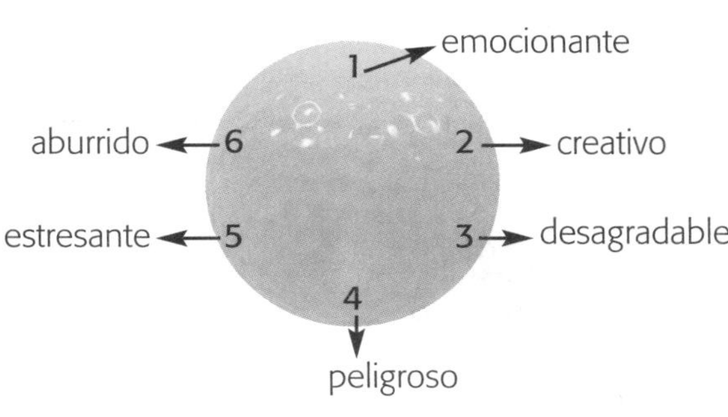

Círculo para el alumno B

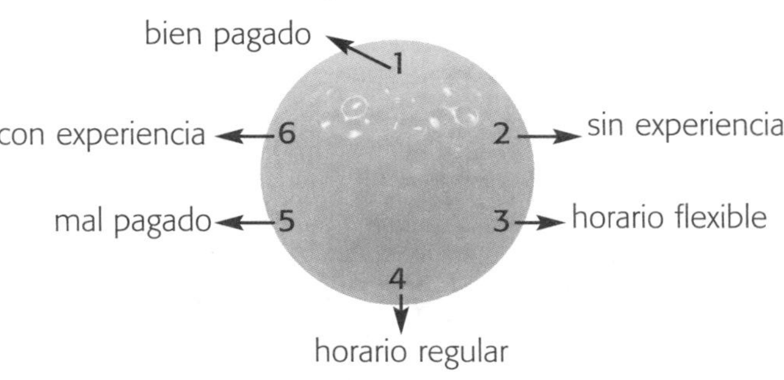

4 Write a job want ad for these three situations.

Situación 1: Tienes un restaurante y necesitas camareros/as.	**Situación 2:** Quieres perfeccionar tu español.	**Situación 3:** Tienes un niño pequeño.

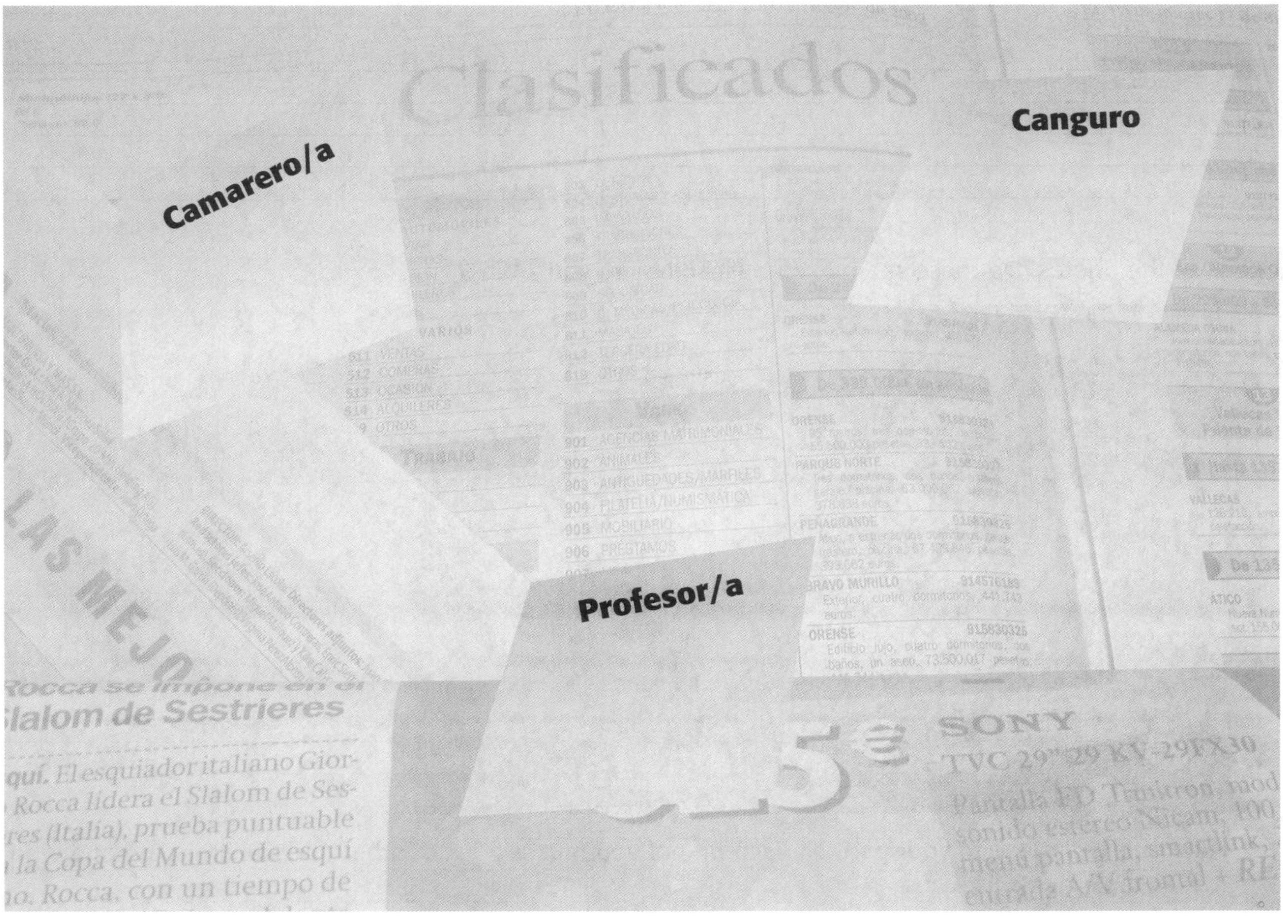

Camarero/a

Canguro

Profesor/a

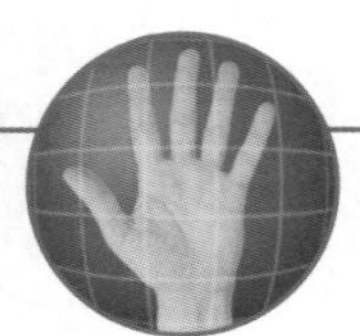

5 What do you call the person that does each of the following things?

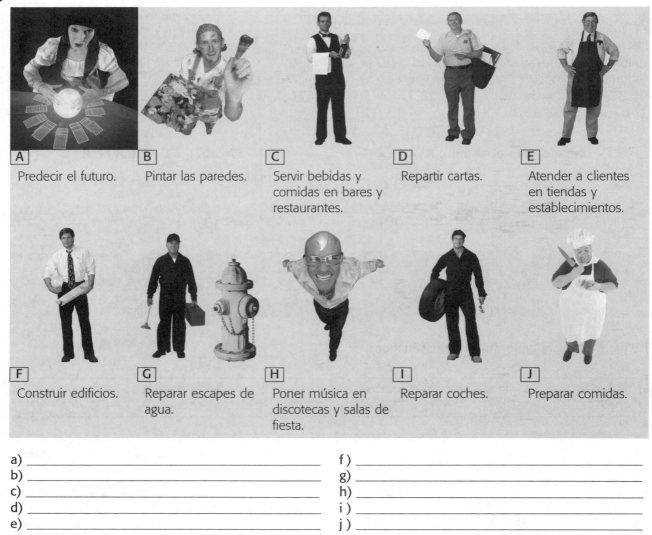

A	B	C	D	E
Predecir el futuro.	Pintar las paredes.	Servir bebidas y comidas en bares y restaurantes.	Repartir cartas.	Atender a clientes en tiendas y establecimientos.

F	G	H	I	J
Construir edificios.	Reparar escapes de agua.	Poner música en discotecas y salas de fiesta.	Reparar coches.	Preparar comidas.

a) ____________________ f) ____________________
b) ____________________ g) ____________________
c) ____________________ h) ____________________
d) ____________________ i) ____________________
e) ____________________ j) ____________________

6 Look at the photos. Do these seem like unusual jobs to you ? Why?

- Now play a game with your partner. Each one of you makes a list of other unusual jobs. The one who makes the longest list wins.

7 Complete Patricia's diary.

Miércoles, 5 de mayo
Hoy ______________ (ser) uno de los días más increíbles de mi vida. ______________ (levantarse) temprano, ______________ (ducharse) y después de vestirme ______________ (desayunar) en la cafetería de debajo de mi casa porque la cocina ______________ (estropearse). ______________ (tomar) un café con leche y ensaimada. Yo nunca tomo ensaimadas para desayunar, pero no sé por qué en ese momento ______________ (acordarse) de Mallorca y ______________ (pedir) una ensaimada. Mallorca... el verano... Javier... Después de desayunar y de leer el periódico, ______________ (salir) deprisa para no perder el autobús. ______________ (venir) enseguida y ______________ (sentarse) junto a la ventanilla. Después de unos minutos ______________ (oír) una voz familiar que me ______________ (decir) al oído: «¿Patricia!». ______________ (levantar) la cabeza y ______________ (ver) a... Javier y...

● Now, write an ending for the final entry about Patricia and Javier.

8 What have you done today in Spanish class? Write an entry in your learning diary.

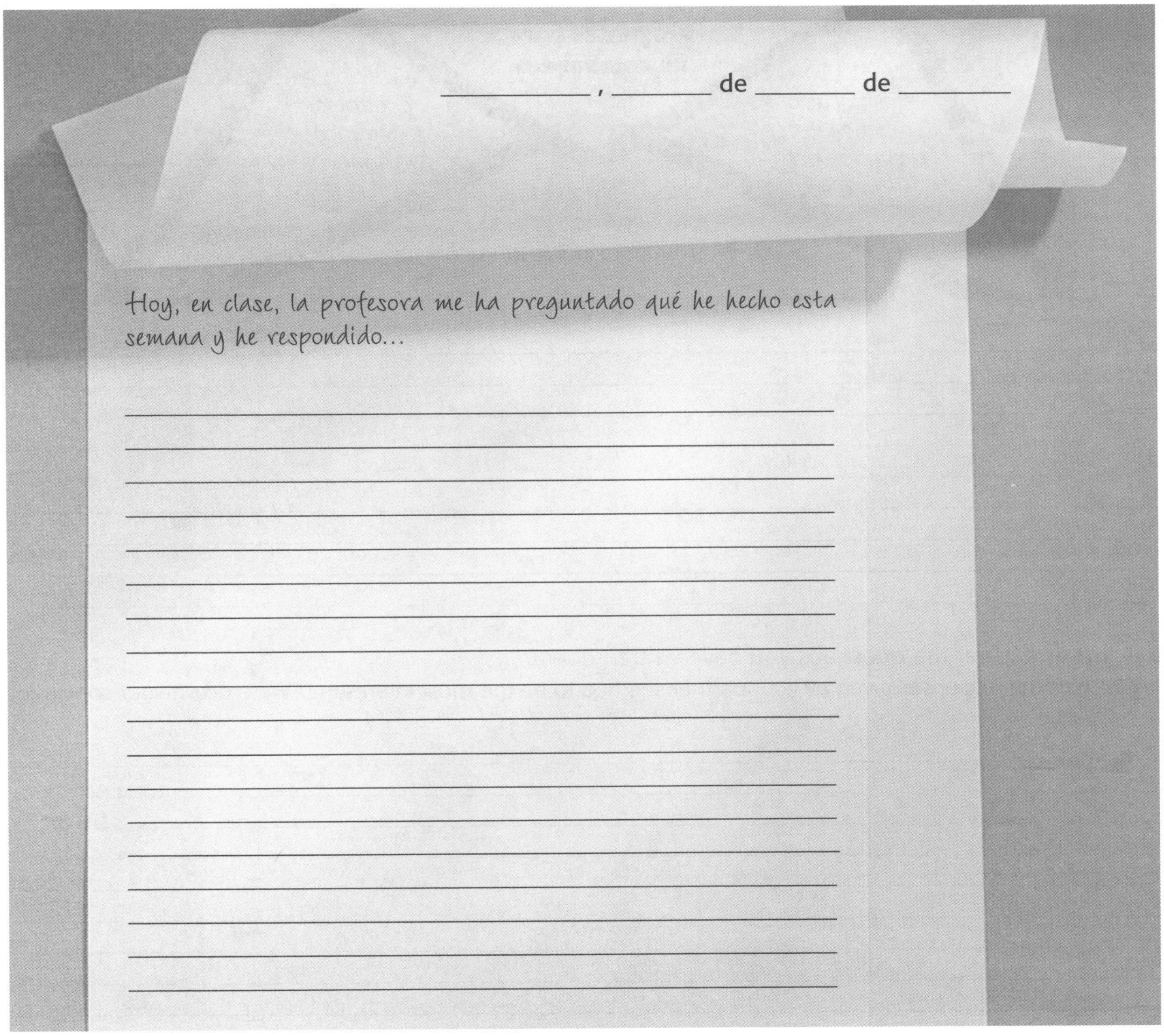

__________, ________ de ________ de ________

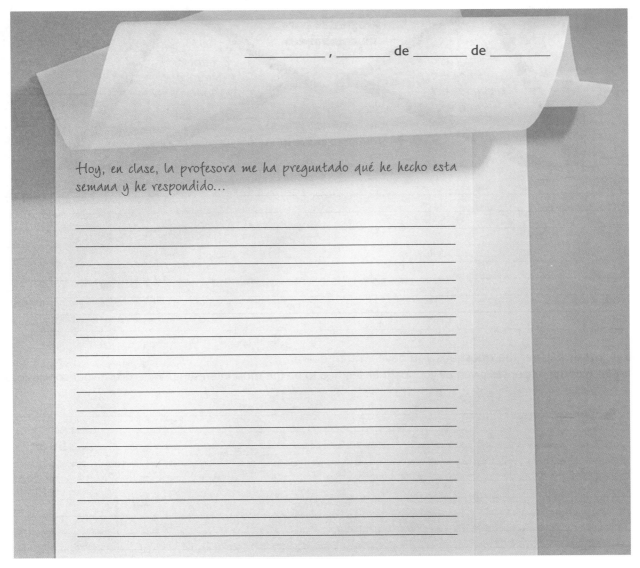

Hoy, en clase, la profesora me ha preguntado qué he hecho esta semana y he respondido...

____
____
____
____
____
____
____
____
____
____
____
____
____
____
____
____
____
____

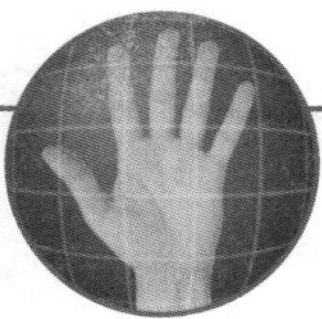

9 Do you want to get to know your partner better? What would you like to ask him/her? Write a list of the questions using the expressions that appear in the photo.

Ejemplo: *¿Qué has hecho este sábado?*

- Ask your partner the questions you have written down.
- Which of the responses given by your partner seemed to be the most interesting? Write down your conclusions.

10 **Respond to these questions and in your answers replace the underlined words with pronouns.**

a) ¿Has visto la última película de Antonio Banderas?

b) ¿Has contado la noticia a María?

c) ¿Has leído el anuncio a tu amigo?

d) ¿Has llamado por teléfono a tus hermanos?

e) Javier le ha prestado ya el libro de astronomía a Álvaro?

f) ¿Has presentado a Paco al nuevo jefe de ventas de la empresa?

g) ¿Has recogido de correos el paquete de tu hermano?

h) ¿Has reservado las entradas para el concierto del sábado?

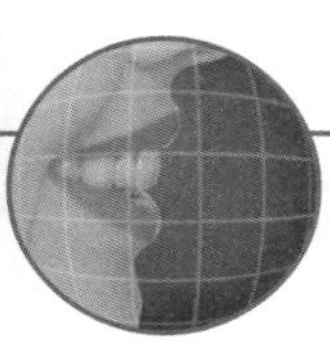

Pronunciation

11 **Listen to this excerpt from a conversation. Focus on how the words in bold are pronounced.**

Chico 1: ¿Te has fijado? ¡Qué **pareja** tan **rara**!
Chico 2: ¿Quiénes? ¿Aquellos de allí?
Chico 1: Sí, esos. Imagina a qué se dedican.
Chico 2: Pues no sé... Él puede ser investigador privado, pero ella con ese **sombrero** es inconfundible. Es un poco extravagante. A lo mejor es una actriz.
Chico 2: Y ¿él? No sé. ¿Investigador privado? No sé, no sé. ¿Te has fijado en la corbata tan **roja** que lleva?
Chico 1: Sí, llama mucho la atención, es roja y con un pájaro dibujado. La verdad, este bar está lleno de gente curiosa. No sé, a lo mejor aquí viene **gente** del mundo de la moda y del cine.
Chico 2: Mira, mira... Fíjate en el **camarero**. ¿Has visto cómo lleva el pelo?
Chico 1: Sí, a mí me gusta. Lleva el pelo **rizado** y con un estilo muy actual y **juvenil**. Lo que sorprende de su pelo es el color. El verde es un color un poco llamativo para el pelo.
Chico 1: Sí y además el camarero no lleva uniforme, va con un **traje negro**, es un poco extraño.
Chico 2: Mira, mira cómo **agarra** la **bandeja**. ¡¡¡Lo hace solo con tres dedos de la mano!!!
Chico 1: Pues sí, definitivamente, un estilo muy peculiar.

- How do you pronounce these words?

negro	*gente*	*agarra*	*pareja*	*juvenil*	*traje*
camarero	*rizado*	*sombrero*	*rara*	*bandeja*	*roja*

- **What can you say about the pronunciation of r, j and g. Which is the most difficult to pronounce for you?**
- **Now, use the words marked in bold from the dialogue and write another text. Afterwards, read it out loud to your classmates. Be creative!**

Cuídate

(Taking Care of Yourself)

Extreme sports. Read these suggestions about free time activities? Do you like any of them?

PROPUESTAS PARA TU TIEMPO LIBRE

Es saludable estar en contacto con la Naturaleza. Aquí tienes sugerencias para practicar deportes con emoción.

Senderismo o «trekking»
Caminar por bosques, campos o montañas por un camino difícil.

«Puenting»
Saltar desde un puente, pero cogido solo por una cuerda.

«Scad»
Saltar desde un lugar muy alto para caer en una red.

4x4
Ir a lugares a los que normalmente es difícil llegar. Se puede hacer con coches todoterreno o *quads*.

«Rafting»
Bajar en una barca neumática por un río de aguas rápidas. Se hace en grupo y con monitor.

Puente tibetano
Pasar por un puente que está encima de un río o un valle y que tiene solo tres cuerdas: una para cada mano y otra para los pies.

(Texto adapatado de *El País dominical*)

- Have you or would you like to do any of these sports?

Yo he practicado... ______

______

Nunca he practicado... ______
pero quiero practicar... ______

______

No quiero practicar... ______

______

______

Below are words related to health. Add health related vocabulary you know to the diagram.

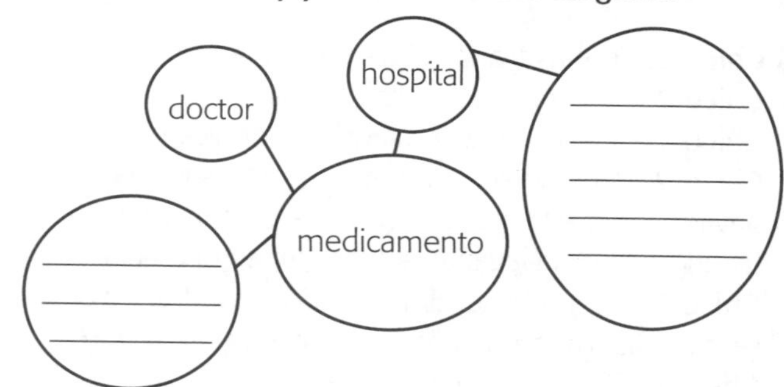

In what way do the people in the photos seems physically similar?

A

B

El hijo de la infanta Elena tiene ___la nariz___ de su madre... ______

______

______

______

Javier Bardem tiene ______ de su madre y... ______

______

______

• Talking about the weather • Talking about health • Talking about physical sensations/feelings • Giving Advice

4 Who do you look like? Bring a family photo to class and show it to your classmates. Who do they think you look like and why?

5 Write 5 sentences by combining elements from boxes *a-d*.

a	b	c
Vicente A Marta José y Pilar Carmen A mis amigos	le les ∅	tiene tienen duele duelen está

d
...la gripe y está en la cama.
...frío y no se encuentra bien.
...los pies, ha caminado mucho.
...mucha tos.
...deprimido, su novia está con otro.
...dolor de cabeza.
...fiebre, más de 38°.
...resfriada.
...el estómago, han comido mucho.

Ejemplo: *Vicente tiene fiebre, más de 38°.*

____
____
____
____
____
____

6 Listen to the dialogues. Note down which persons appear in each dialogue a-e and answer the question for each dialogue.

1

2

3

4 5

Diálogo a
• mujer • hombre • niña • doctora • enfermera
¿Qué le duele a este paciente?
____

Diálogo b
• mujer • hombre • niño • doctor
¿Qué le pasa a este paciente?
____

Diálogo c
• mujer • hombre • doctor • enfermera
¿Qué le duele a este paciente?
____

Diálogo d
• mujer • hombre • chico • mujer
¿Qué le duele a este paciente?
____

Diálogo e
• mujer • hombre • niño • doctor • enfermero
¿Qué le duele a este paciente?
____

● Mark on the cartoon strips which dialogue corresponds to each group of people.

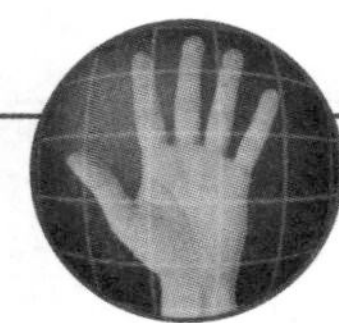

Ideas for boring days. Follow the model and complete the sentences.

Ejemplo: —¿Qué hago si llueve el domingo por la tarde?
—Pues, ve al cine...

a) Si no tengo dinero y es sábado por la noche.

b) Si es es sábado por la noche y mi pareja está enferma.

c) Si es fin de semana y tengo examen el lunes.

d) Si tengo vacaciones y mi novio/a no tiene.

e) Si quiero ir a la playa, pero no hace sol.

f) Si es lunes, no he dormido bien y tengo que trabajar.

g) Si es viernes por la noche, tengo dinero, pero mis amigos no están.

h) Si es 10 de agosto, todos mis amigos están de vacaciones y yo estoy solo.

8 Read the text and write down recommendations on how to avoid blue Mondays.

Las claves para un buen lunes

Tienen «la depresión del lunes» las personas que durante el fin de semana han cambiado radicalmente sus horarios habituales de dormir y, como resultado, han modificado su rutina del sueño.

Pero hay muchas causas que pueden cambiar el sueño: un viaje intercontinental, trabajar de noche (los empleados que hacen turnos de noche en fábricas o las personas que trabajan en discotecas o locales nocturnos), etc.

Todos nosotros tenemos ciclos de 24 horas, por eso, cuando anochece tenemos más sueño. Si el viernes por la noche nos acostamos muy tarde y a la mañana siguiente nos levantamos mucho más tarde de lo normal, cambiamos nuestros ciclos del sueño y entonces estamos más cansados. Si nos acostamos y nos levantamos tarde varios días, el cambio es total y, en ese momento, puede aparecer la depresión del lunes: tristeza, dolor de cabeza y de estómago, poca concentración, resfriados, etc. Por este motivo, los médicos recomiendan llevar una vida sana, y el fin de semana llevar nuestros horarios habituales: levantarse a la misma hora, salir y pasear al sol, estar en contacto con la Naturaleza, dormir un poquito la siesta y hacer alguna actividad física.

(Texto adaptado de la revista *QUO*)

Ejemplo: Si trasnochas el viernes, no es bueno dormir toda la mañana. Levántate y duerme un poco la siesta.

9 Complete sentences *a-h* with the imperative form of the proposed verbs. Use the informal *tú* form.

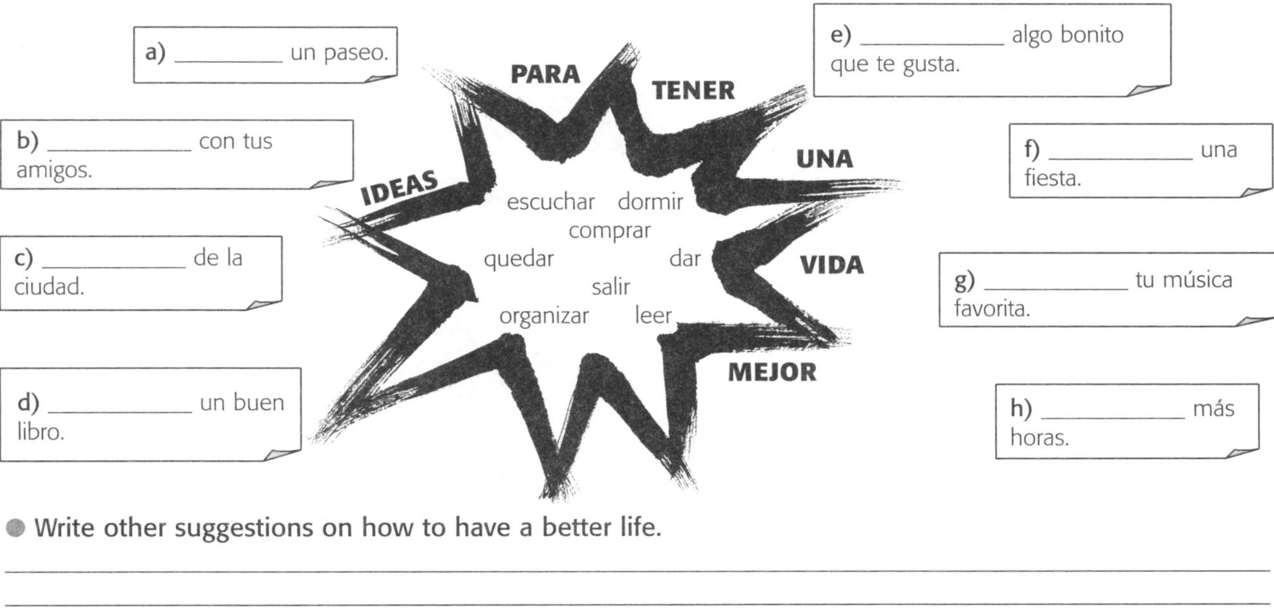

a) __________ un paseo.
b) ____________ con tus amigos.
c) ____________ de la ciudad.
d) ____________ un buen libro.
PARA
TENER
UNA
VIDA
MEJOR
IDEAS
escuchar dormir
comprar
quedar dar
salir
organizar leer
e) ____________ algo bonito que te gusta.
f) ____________ una fiesta.
g) ____________ tu música favorita.
h) ____________ más horas.

● Write other suggestions on how to have a better life.

____

____

____

10 Think of a problem you have and tell your classmates about it. They ca give you possible solutions to the problem.

Ejemplo:
Alumno 1: *Organizo una fiesta el viernes en mi casa y llega mi madre...*
Alumno 2: *Pues, invita a tu madre a la fiesta.*

11 How's the weather in your country?

Ejemplo:
Alumno 1: *En mi país nunca hay huracanes.*
Alumno 2: *Pues, en el mío, sí.*

• Talking about the weather • Talking about health • Talking about physical sensations/feelings • Giving Advice

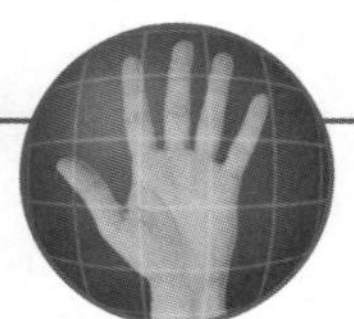

12 Look at the chart. What kind of weather are they having in each of the places?

Ejemplo: *En Barcelona hoy está un poco nublado y hace un poco de frío. La temperatura mínima es de 8° y la máxima de 16°. Para mañana hace sol.*

____

____

____

____

____

____

____

____

Ciudades	HOY Temperaturas mínimas/máximas		MAÑANA Temperaturas mínimas/máximas	
Barcelona	8/16°		12/17°	
Madrid	6/10°		5/10°	
Toronto	0/5°		5/8°	
Buenos Aires	13/24°		12/18°	
Nueva York	3/7°		3/12°	
Sydney	18/24°		16/22°	
Nairobi	19/28°		20/27°	
Bangkok	21/26°		20/23°	
Hong Kong	16/21°		13/17°	
Casablanca	17/21°		15/23°	
Francfort	8/10°		5/7°	
Moscú	3/–2°		2/–5°	

despejado

nubes

lluvias

cubierto

tormenta

nieve

13 What season is it in each of the drawings?

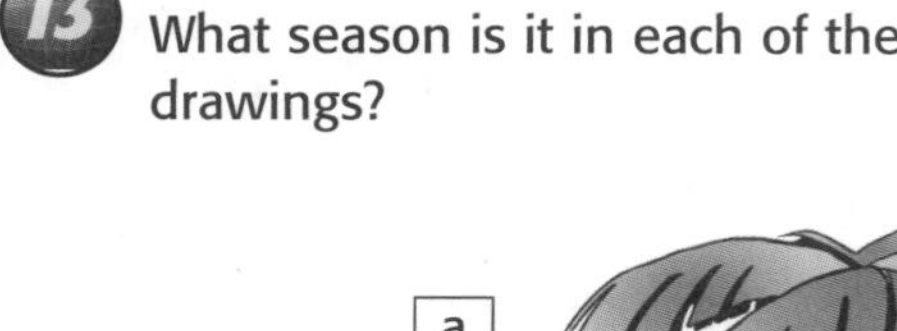

a

b

c

d

- React to each drawing using the expressions below.

¡Qué frío/calor!	¡Qué buen día hace!	¡Cómo llueve!	¡Cómo nieva!	¡Qué viento!

- Explain what the people in the drawings are doing.

14 You've received a postcard from a friend. Respond to it and explain how your life is, what you normally do in the city to enjoy yourself, and what the weather is like.

Hola Juan:

¿Qué tal? Yo aquí de vacaciones en Cuba. El tiempo es estupendo, hace mucho calor, solo ha llovido un día durante 20 minutos. Estamos todo el día en la playa. Por las noches vamos de marcha y algunos días hacemos excursiones por la isla. He hecho unas fotos muy buenas. Bueno, hasta pronto.

Saludos,
Carlos

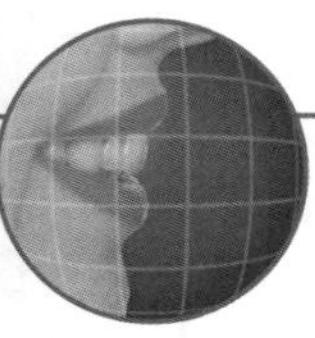

Pronunciation

15 There are three classifications of word in Spanish in relation to their pronunciation.

Tipos de palabras	¿Qué quiere decir?	Ejemplos
agudas	Son las palabras que cuando se pronuncian, tienen la fuerza de su entonación en la última sílaba, es decir, al final de la palabra.	a**mor** pronuncia**ción**
llanas	Son las palabras que cuando se pronuncian, tienen la fuerza de su entonación en la penúltima sílaba, es decir, en la segunda sílaba antes del final de la palabra.	pre**gun**ta **li**bro
esdrújulas	Son las palabras que cuando se pronuncian, tienen la fuerza de su entonación en la antepenúltima sílaba, es decir, en la tercera sílaba antes del final de la palabra.	**tí**tulo gra**má**tica

● Mark which of the words are *agudas, llanas,* and *esdrújulas.*

Palabra	aguda	llana	esdrújula
café	X		
español			
deporte			
rápido			
Sevilla			
reloj			
termómetro			

16 Connect the islands that are *agudas, llanas,* and *esdrújulas.*

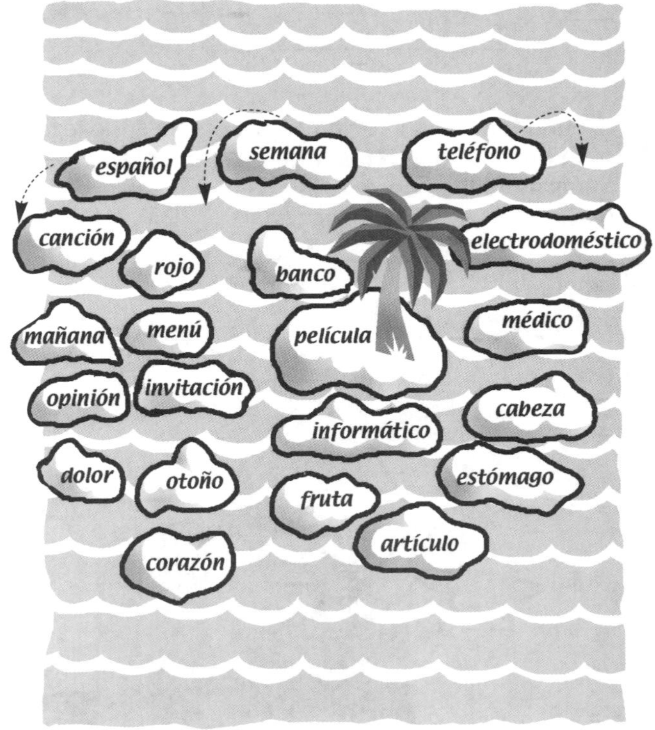

● Listen and check your answers.

Haz planes
(Making Plans)

1 Complete the crossword puzzle.

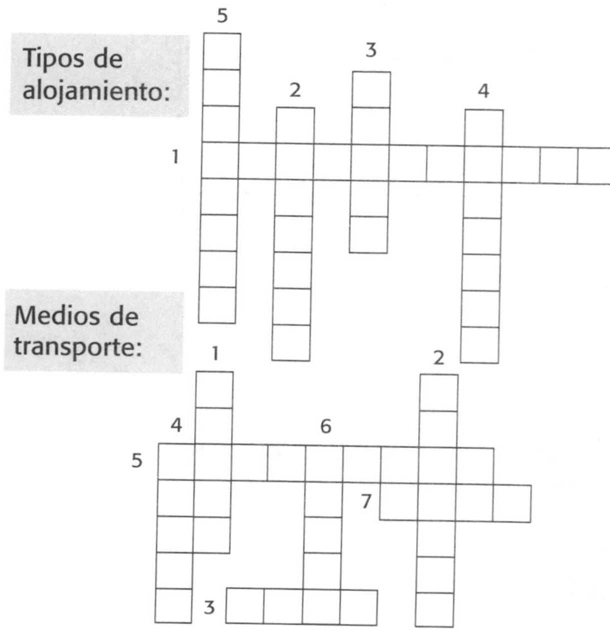

Tipos de alojamiento:

1. **horizontal:** Piso que puede alquilarse para pasar las vacaciones en las playas más visitadas.
2. **vertical:** Lugar para integrarse de forma casi total con la Naturaleza y donde se puede colocar una tienda de campaña.
3. **vertical:** Lugar donde se ofrecen habitaciones, comedor y otros servicios, según la categoría.
4. **vertical:** Lugar que normalmente solo ofrece habitaciones para dormir.
5. **vertical:** Para sentirse igual que un caracol. Casa que se transporta con un coche.

Medios de transporte:

1. **vertical:** Hace realidad el sueño del hombre: volar.
2. **vertical:** Medio de transporte para viajar de forma económica por carretera.
3. **horizontal:** Los hay románticos como el «Transiberiano» y el «Orient Express» y modernos como el AVE y el TGB.
4. **vertical:** Imprescindible para viajar por el Mediterráneo o el Atlántico.
5. **horizontal:** Ideal para espíritus deportistas ya que funciona sin motor.
6. **vertical:** Actualmente hay demasiados, por lo que causan problemas en las grandes ciudades.
7. **horizontal:** Es un buen sistema para viajar y disfrutar de la sensación de velocidad directamente sobre tu cuerpo.

2 Around the world in seven days. Complete the text with the following verbs. You can use some of the verbs more than once.

llegar	estar	ir	tomar
salir	empezar	levantarse	coger
tener	ser	comprar	terminar

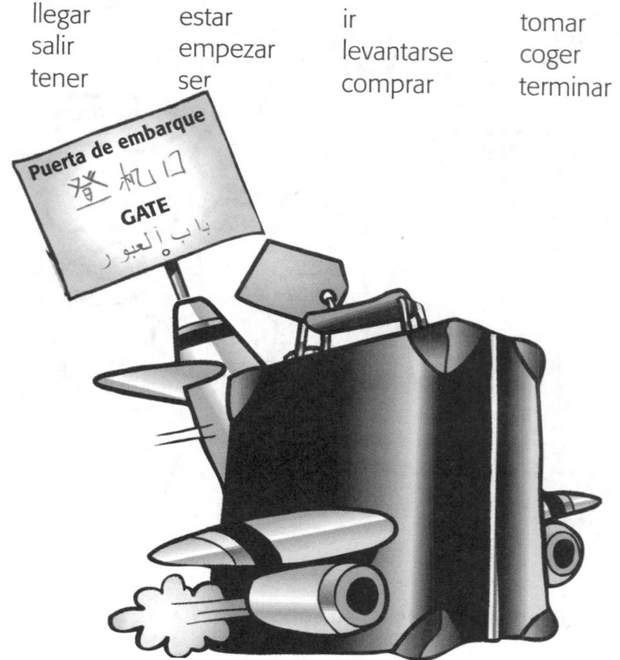

Primer día: BARCELONA/AMSTERDAM/DUBAI

El primer día de viaje ______________ muy pronto porque empezamos un viaje único: la vuelta al mundo en siete días. El viaje __________ en Barcelona. Nuestro avión ____________ del aeropuerto a las 10.30 h de la mañana y ____________ a Amsterdam a las 13.30 h. Allí nosotros __________ recuerdos para nuestros amigos y también algunas postales. En el aeropuerto de Amsterdam, __________ un avión para ir a Dubai. __________ en el avión volando durante toda la noche.

Segundo día: DUBAI/HONG KONG

El segundo día ____________________ a Hong Kong. ______________ una experiencia muy interesante especialmente debido al cambio de gente y de señalización del aeropuerto. Solo ___ __________ unas horas, y después ____________ un avión con destino a Sydney.

• Talking about trips made and making plans for future trips • Talking about activities/actions done in the past • Advising

Tercer y cuarto día:
HONG KONG/SYDNEY

_______________ muy cansados a Sydney. ¡Esto de dar la vuelta al mundo en una semana es realmente agotador. _______________ a las tiendas y allí _______________ unos caramelos y unas galletas para poder comer algo diferente a la comida que ofrecen en los aviones.

Pedro _______________ problemas en Sydney porque _______________ demasiadas cosas en las tiendas del aeropuerto, y _______________ que pagar por exceso de equipaje.

Quinto día:
SYDNEY/LOS ÁNGELES/NUEVA YORK

Ya _______________ al sexto continente de nuestro viaje, pero todavía no _______________ en ninguna ciudad: solo conocemos algunos aeropuertos.

Sexto día:
NUEVA YORK/CIUDAD DE MÉXICO

El avión de México _______________ con retraso por un problema técnico y por eso _______________ que esperar en nuestro asiento durante dos horas, pero bueno, finalmente el avión despegó sin problemas.

Séptimo día:
CIUDAD DE MÉXICO/BARCELONA

Parece increíble, pero el viaje ya _______________. Esta tarde a las 18.45 h _______________ al aeropuerto de Barcelona. Todos queremos ir a casa para descansar y dormir en nuestras camas.

3 Maria is writing a diary about her trip around the world in seven days. Below is the entry from the first day.

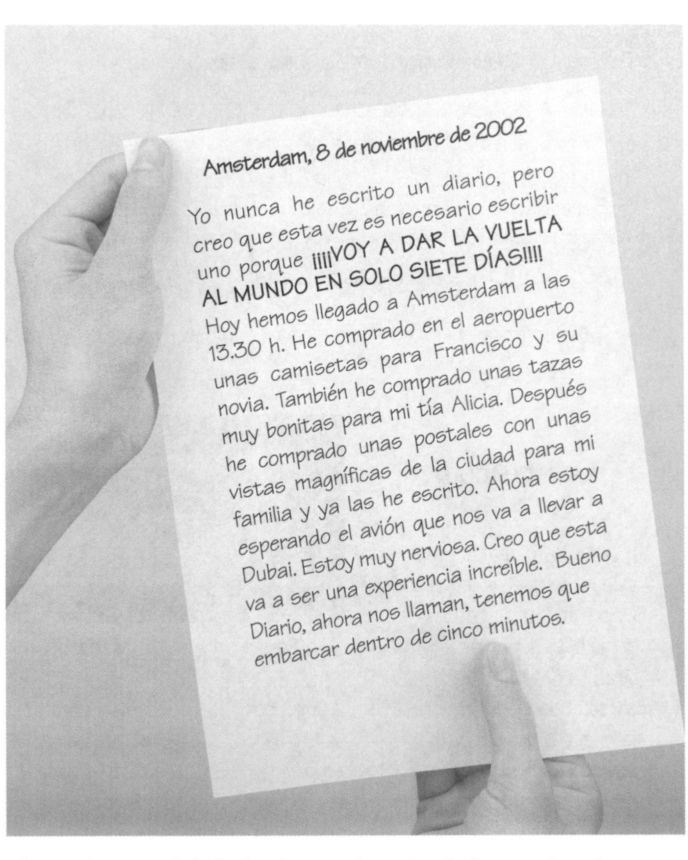

Amsterdam, 8 de noviembre de 2002

Yo nunca he escrito un diario, pero creo que esta vez es necesario escribir uno porque ¡¡¡¡VOY A DAR LA VUELTA AL MUNDO EN SOLO SIETE DÍAS!!!!
Hoy hemos llegado a Amsterdam a las 13.30 h. He comprado en el aeropuerto unas camisetas para Francisco y su novia. También he comprado unas tazas muy bonitas para mi tía Alicia. Después he comprado unas postales con unas vistas magníficas de la ciudad para mi familia y ya las he escrito. Ahora estoy esperando el avión que nos va a llevar a Dubai. Estoy muy nerviosa. Creo que esta va a ser una experiencia increíble. Bueno Diario, ahora nos llaman, tenemos que embarcar dentro de cinco minutos.

- **During her trip she didn't write anything more in her diary. Finish it for her using the information from Activity 2.**

____
____
____
____
____
____
____

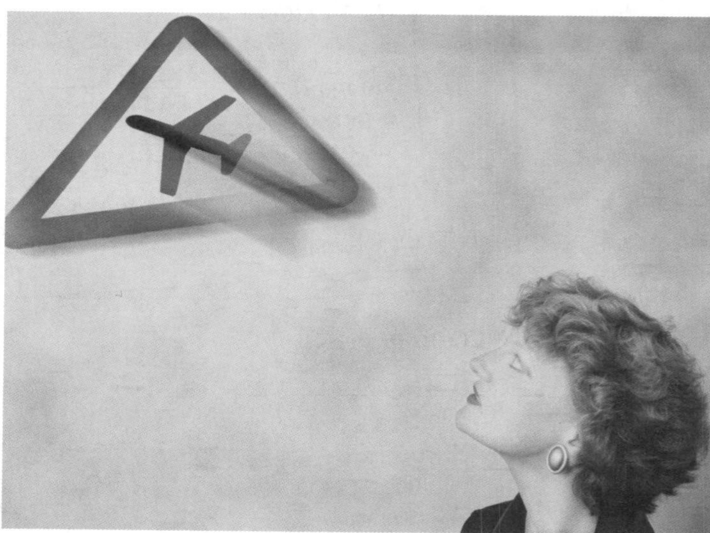

4 Can you talk about your last trip? Prepare information about your last trip based on the questions below and present your trip to your classmates.

- ¿Cuándo fue?
- ¿Con quién fuiste?
- ¿Dónde fuiste?
- ¿Cuánto tiempo duró?
- ¿Qué tipo de viaje fue?
- ¿Qué medios de transporte utilizaste?
- ¿Dónde te alojaste?
- ¿Conociste a alguien?
- ¿Compraste algo?
- ¿Hiciste muchas fotos?
- ¿Qué valoración haces de tu viaje?

5 Everyone travels. Read the following texts and decide which trip is best for each of the people.

Madrid y Toledo a su alcance

VENGA A CONOCER MADRID Y TOLEDO CON NOSOTROS. Conozca la mejor pinacoteca del mundo y pasee por la histórica ciudad de Toledo, todo ello acompañado de guías especializados y estancias en los «Hoteles con encanto» seleccionados por nuestra compañía.
Precios especiales para la tercera edad.

Viajes de una semana de duración, con salidas diarias desde cualquier ciudad europea.

¡¡ESQUÍ EN VERANO!!

Viaja este verano hasta Argentina y Chile. Visita estos dos países durante el verano, con la posibilidad de visitar Buenos Aires y Santiago y desplázate hasta los mejores centros de Valle Nevado y Bariloche para practicar el esquí. También están previstas visitas turísticas a Puerto Montt (Chile) y a las leñas (Argentina). Y todo por solo 500 € por persona.*

*Infórmate en tu agencia de viajes. Tasas y seguro de viaje incluidos.

VEN A CHACUITA, COSTA RICA

El coral, los perezosos y las iguanas te dan la bienvenida. Déjate seducir por playas de arena blanca, por los arrecifes de coral y ven a olvidarte de todo. Chacuita te ofrece la posibilidad de aislarte del mundo mientras descansas en sus playas de arena blanca o te adentras en su jungla.
Tenemos agradables sorpresas para los novios en su luna de miel.

Para más información, solicite nuestro folleto en su agencia de viajes.

Pedro

Treinta años, soltero, empleado de un banco. Le gusta la aventura y el riesgo, tiene ganas de poder realizar diferentes actividades al aire libre y conocer a gente nueva.

María

Sesenta y cinco años, viuda, ama de casa. Le gusta el arte, la arquitectura y la pintura. Está cansada de estar todo el año en su casa sola. Quiere conocer a gente con sus mismas aficiones.

Juan y Luisa

Recién casados. Quieren realizar un viaje de luna de miel único e inolvidable.

José, Mariano y Federico

Dieciocho años. Han terminado sus estudios de bachillerato. Quieren viajar durante un año antes de empezar la universidad. No tienen mucho dinero, pero no les importa porque están preparados para dormir en cualquier sitio.

El mundo a tus pies

Conoce la forma más barata de viajar. Te ofrecemos la posibilidad de viajar por todo el mundo alojándote en *campings* y albergues.
Solicita nuestra guía «El mundo a tus pies» en la que puedes encontrar información sobre alojamientos a precios especiales en todos los continentes y los vuelos al mejor precio.

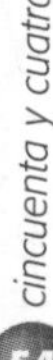

6 Read the following ad and decide where you want to go.

OFERTAS

MALLORCA 8 días	
H. Sol **	MP desde 183 €
MENORCA 8 días	
H. Capitán Leré ***	MP desde 254 €
LANZAROTE 8 días	
H. Teguise playa***	AD desde 311 €
CUBA/VARADERO 9 días	
H. Mellá***	PC desde 834 €
ARGENTINA 5 días	
H. Espinete***	AD desde 731 €
VENEZUELA 8 días	
H. Loros***	PC desde 723 €

El precio incluye: Salidas desde Madrid. Precios por persona en habitación doble y válidos para todo el año, excepto temporada alta. Traslados. Estancia en hoteles con categoría de régimen indicado en cada caso. No incluye tasas locales, de aeropuerto, tasas ni visados.

AD: Alojamiento y desayuno. MP: Media pensión. PC: Pensión completa. PLAZAS LIMITADAS.

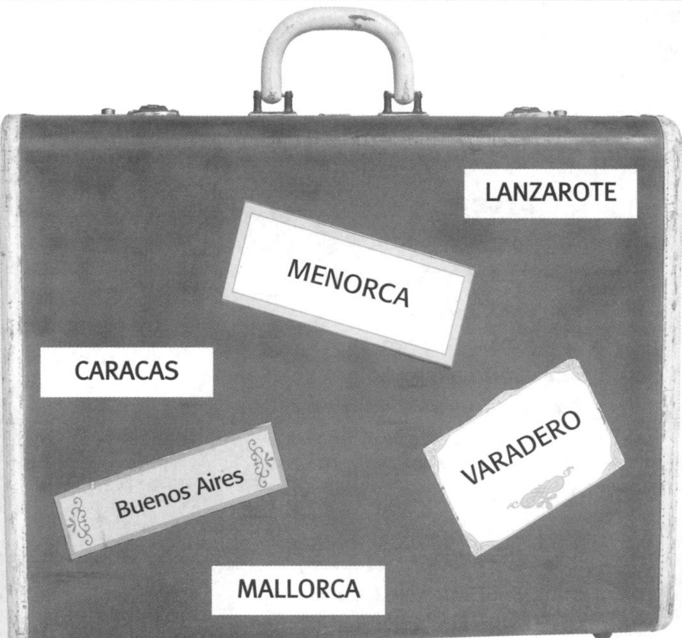

- **Write a letter asking for information about the trip you selected. Ask about:**

  - El itinerario del viaje.
  - Los horarios de aviones.
  - El precio de las tasas del aeropuerto.
  - Los visados.
  - Cuánto puede variar el precio del viaje según las fechas en las que quieres viajar.

4 de agosto, biblioteca, libros sobre Argelia
5 de agosto, Agencia
9 de agosto, Billete de avión
12 de agosto, Médico, vacunas
13 de agosto, Compras: Pantalones, camisetas, zapatillas, carretes de fotos; farmacia, protección solar, insecticida.
14 de Agosto Fiesta de despedida con los amigos.

7 Lucia is preparing her vacation. What things does she have to do over the coming days.

Ejemplo: *Lucía piensa ir a la biblioteca para obtener información sobre Argelia.*

- What things do you have to do over the coming days?

8 Listen to the following conversation and take note of what one has to do if their luggage gets lost.

9 Objects from the Hispanic world. Which of the objects below do you think Luis bought during his trips to Hispanic countries?

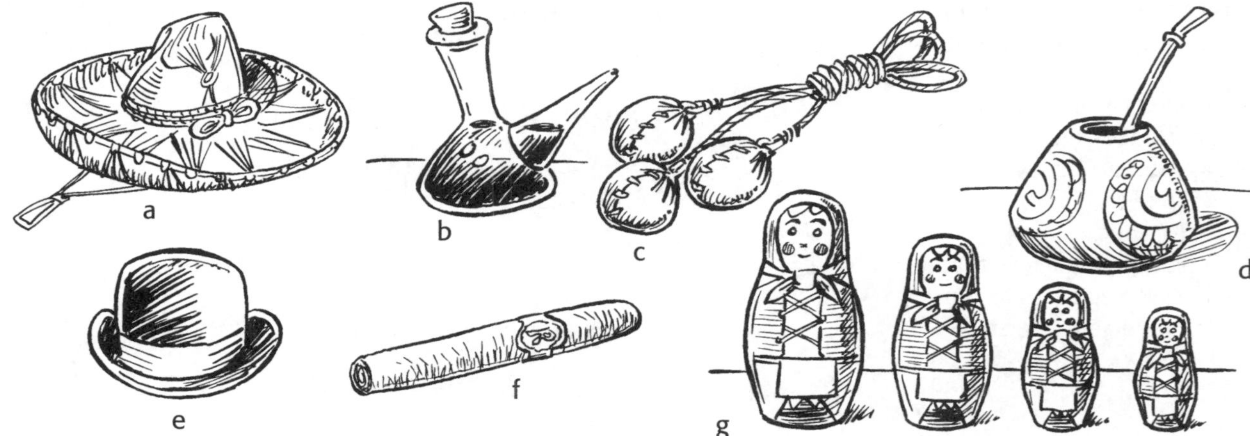

- Do you know which country each object comes from?

- Write of list of objects that you have bought during different trips and explain where you bought them and when you took the trip.

 Fairytale contest. Below are excerpts from different fairytales. Complete them by using the verbs below in the Pretérito Indefinido (Simple Past).

besar	comer	acostarse	perder

La Cenicienta ________ su zapato de cristal al bajar las escaleras del castillo.

Blancanieves ________ la manzana que le regaló la mujer mayor.

La princesa ________ a la rana del estanque.

Un día la Bella Durmiente ________ y durmió 100 años.

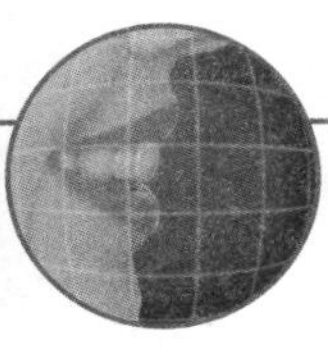

Pronunciation

 Read the following abbreviations/acronyms.

OMS	ONU
PSOE	PP
FAO	AVE
RENFE	UE

- Listen and check your responses.

 Listen to various people play a word game. Take note of the words they say.

____

____

- Now, play the same type of game with your classmates.

Haz memoria

(Recalling the Past)

1 How has your life changed since you started studying Spanish?

- What do you do now that you didn't do before?

  Ejemplo: *Antes no conocía ningún escritor español y ahora leo libros en español.*

  ____
  ____
  ____

- Do you follow any Spanish customs or customs from Hispanic culture now that you didn't follow before?

  Ejemplo: *Antes cenaba a las 7 h y ahora ceno como los españoles, a las 10 h.*

  ____
  ____
  ____

2 There are events that sometimes change a person's life. Look at the images and explain what has changed in the lives of these people.

a

Tener un hijo

Cuando trabajaba en la oficina no tenía tiempo para pasear y ahora tiene más tiempo para su familia y para pasear con su bebé.

b

Casarse o irse a vivir con alguien

____
____
____
____

c

Jubilarse

____
____
____
____

d

ONCE

Ganar un premio de lotería

____
____
____
____

e

BANCO

Empezar a trabajar

____
____
____
____

• Talking about habitual actions in the past • Describing people and objects in the past • Contrasting the present and the past

3 Look at the photos. Indicate in each photo what object is from a different period from the one shown in the image and explain why. You can use the following vocabulary/phrases.

en aquella época	antes	en los años...	entonces

a

En aquella época la gente no tenían teléfonos móviles.

b

c

d

4 Choose a date or a moment that is important to you. Tell your partner about the details:

- Por qué ese momento es importante.
- El tiempo que hacía.
- Con quién estabas en ese momento.
- Dónde estabas.
- Qué hacías en ese momento/época.

● **Ask your partner where he/she was on that date.**

Ejemplo:

Alumno A: *Una fecha importante para mí es el 4 de septiembre de 1996 porque nació mi primer sobrino. Era verano, pero llovía mucho. Yo estaba trabajando en un banco. Y tú, ¿qué hacías en esa fecha?*

Alumno B: *Pues, a ver, yo estaba de vacaciones en Grecia. Estaba con unos amigos y hacía mucho calor.*

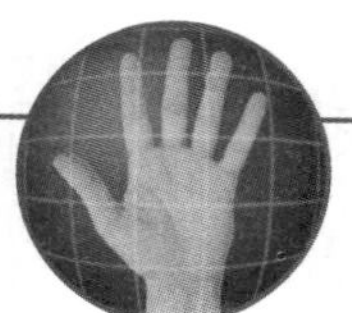

5 Complete the text with the appropriate form of the verbs that appear in parentheses.

Susana era una chica a la que le ___________ (gustar) soñar continuamente. ___________ (querer) tener una vida diferente, pero ___________ (tener) una vida muy normal. Por las mañanas ___________ (trabajar) de cajera en una cadena de hamburgueserías y por la tarde (estudiar) ___________ informática. Todas las noches ___________ (salir) con sus amigas, pero eso sí, todos los miércoles por la noche ___________ (ver) su programa favorito de la televisión, «El gran primo». Ella ___________ (escribir) muchas cartas a la televisión porque ___________ (querer) participar en ese concurso. Finalmente un día la llamaron y cambió su vida. ___________ (salir) en programas de televisión y su cara ___________ (aparecer) todos los días en todas las revistas. ___________ (ir) a fiestas muchas noches, ___________(poder) hablar con sus actores favoritos. Solo ___________ (tener) un problema: no le ___________ (dejar) hacer las cosas que ella ___________ (querer). ___________ (ser) el precio de la fama.

6 Read the text and tell which of the photos corresponds to the information.

a

b

TIEMPOS MODERNOS

El paso del siglo XIX al siglo XX fue para Madrid una etapa de profundos cambios a causa de los avances tecnológicos. La ciudad modernizó su imagen sin perder por ello el encanto que tenía.

Las calles de la capital en 1989 perdieron parte de la tranquilidad que tenían. Ese año empezaron a funcionar los nuevos tranvías eléctricos. La gente que antes de 1898 caminaba para desplazarse de un lugar a otro ya podía. A partir de ese año, los madrileños iban a realizar sus viajes en cómodos y rápidos tranvías. Pero eso no es todo, tres años más tarde, circuló por las calles de la ciudad el primer automóvil y este hecho causó mucha curiosidad entre los madrileños que se lanzaron a la calle para disfrutar de esa visión.

Otro de los cambios más espectaculares fue el aumento de su población. Entre 1898 y 1920, aumentó un 40% y pasó de 539.000 a 750.000 habitantes; estos ciudadanos se beneficiaron de otro gran invento ya que desde 1919 la ciudad contó con servicio de metro lo que permitió desplazamientos mucho más rápidos todavía. Todos estos cambios influyeron en la imagen de la ciudad, ya que los madrileños cambiaron sus hábitos, ya no se desplazaban en carrozas, y apenas se veían coches de caballos por las calles de la ciudad.

Pero no todos los cambios fueron del mismo tipo: en 1910 se introdujo en Madrid una tradición que todavía hoy se conserva: las famosas uvas de la suerte. Desde ese año, primero los madrileños y después el resto de los españoles, para empezar el nuevo año se reúnen y se comen 12 uvas, una por cada uno de los meses del año.

- Are there differences between the two photos? What are they?
- What new things were introduced into the life of Madrileños with the change of the century (19th - 20th)
- Look in the text for synonyms for:
  - Madrid
  - madrileños
  - desplazarse

7 Has your city changed? Write a text (similar to the one about Madrid) describing your city. Decide beforehand what period you want to write about.

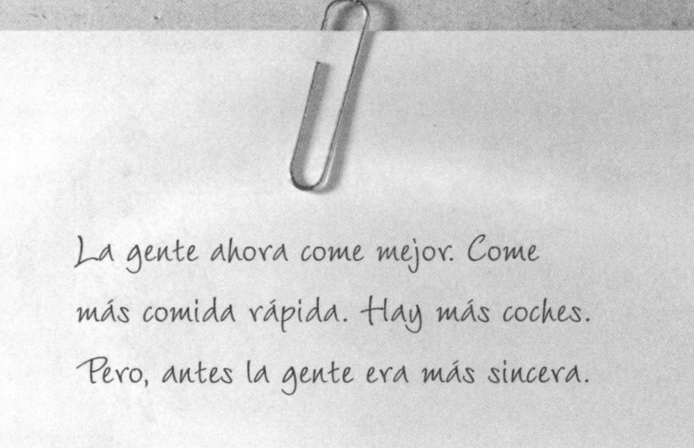

La gente ahora come mejor. Come
más comida rápida. Hay más coches.
Pero, antes la gente era más sincera.

8 How has life changed in the past 50 years? Make a list with your classmates.

- After looking at the group's list, do you think the quality of life has improved?

9 Raul explains the differences he sees between the youth of 20 years ago and the youth of today. Complete the text with the verbs in the box below.

poder	querer	dejar

La vida ha cambiado mucho en los últimos años. Recuerdo que cuando yo era joven nuestros padres no nos __________ salir mucho, especialmente no nos ___________ regresar a casa los fines de semana después de las 12 h de la noche. Nosotros tampoco _________ dormir fuera de casa, en casa de amigos o amigas; si nosotros ___________ ir a dormir a casa de algún amigo, teníamos que inventar alguna excusa: algún trabajo para la escuela era la única excusa posible. Ahora todo es diferente, los jóvenes _________ salir sin problemas por la noche los fines de semana y si quieren también _________ ir a dormir a casa de sus amigos. Actualmente los padres, en general, son mucho más permisivos, dejan a sus hijos hacer muchas cosas que antes no nos permitían hacer a nosotros.

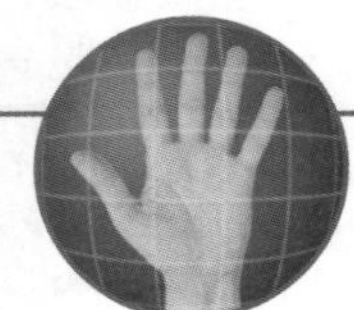

10 Using the information below to guide you write a text about a situation from the past that you especially remember.

(a) (b)

(c) (d)

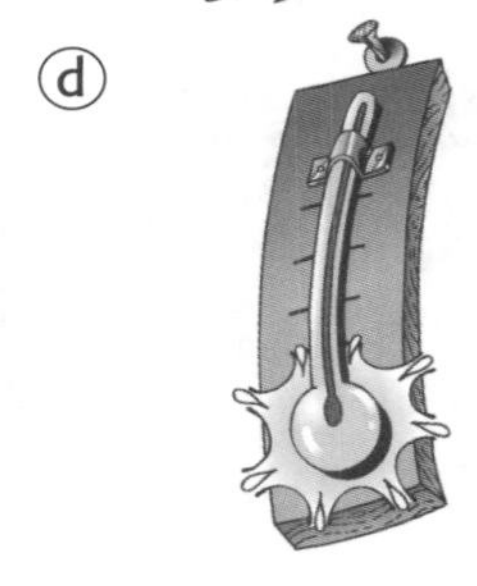

¿Qué época del año era?
(Descripción del tiempo que hacía).

Descripción del lugar.

(a) (b) (c) (d)

(a) (b)

(c) (d)

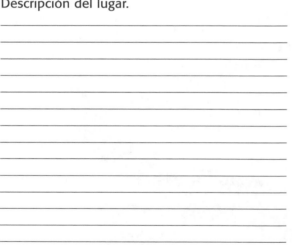

¿Con quién estabas, qué llevabais, qué hacíais...?

¿Qué pasó?

• Talking about habitual actions in the past • Describing people and objects in the past • Contrasting the present and the past

11 Listen to the following conversation. Which drawing does it refer to and what is the conversation about?

A

B

C

- Each student should think of a specific situation from the past. The other students have to guess what the situation was by asking questions that can only be answered with a yes or a no.

Pronunciation

12 The Category Game. Follow the instructions and play the game.

1) The teacher says a letter
2) You have to complete the table with words that begin with the letter.
3) The student who completes the table first wins!

letra	acciones	comida	ropa	países o ciudades	colores	partes del cuerpo

13 Make eight words with the bricks from image *b*. Use image *a* as a model.

A
B

- Listen and check your responses.

Anexos

- Transcripciones
- Clave de respuestas

UNIDAD 1

Unidad 1, actividad 4

Guía: Hola, buenos días, soy Ángeles. Soy de aquí, de Tarragona y soy su guía para acompañarles a visitar la ciudad. Bueno, ¿nos presentamos todos? Ustedes, ¿cómo se llaman? ¿De dónde son? ¿Qué hacen?
Gloria: Hola, yo me llamo Gloria López. Soy pensionista, tengo sesenta y cinco años, y vengo de Santiago, pero de Santiago de Cuba.
John: Hola, soy John Haliday, de Londres, Reino Unido, y trabajo en Oxford, en la Universidad de Oxford. Soy profesor de matemáticas. Tengo cuarenta y tres años.
Anne: Hola, ¿qué tal? Yo soy Anne Allen y vengo de San Francisco, Estados Unidos, allí trabajo en una revista. Soy redactora de una revista de deportes. Tengo veintiocho años.
Naoko: Buenos días... Creo que soy la más joven, tengo veinte años. Me llamo Naoko Yamaha, soy de Tokio, Japón. Soy estudiante, estudio español en la universidad.

Unidad 1, actividad 11

a)
Operadora: Buenos días, información, dígame.
Hombre: Por favor, el teléfono del aeropuerto.
Operadora: Sí, es el 93 4 03 03 03, 93 4 03 03 03.
Hombre: Gracias.

b)
Operadora: Buenas tardes, información, dígame.
Mujer: Sí, quiero el número de teléfono de la policía.
Operadora: El número de la policía es el 0 91.

c)
Operador: Información, dígame.
Hombre: ¿Puede decirme el número de teléfono del Teatro Nacional?
Operador: Sí, el número es el 93 7 89 65 21, repito 93 7 89 65 21.
Hombre: Gracias.
Operador: De nada.

d)
Operadora: Buenas noches. Información, dígame.
Chico: ¿Los bomberos, por favor?
Operadora: Sí, 93 6 66 81 81, 93 6 66 81 81.

Unidad 1, actividad 15

a)
Mujer: Buenos días. ¿Es usted el Sr. García?
Hombre: Sí, soy yo.

b)
Chico: Buenos días, Ramón. ¿Cómo estás?
Hombre: Bien, gracias.
Chico: Te presento. Esta es Isabel, mi mujer.
Hombre: ¡Ah! Mucho gusto.
Chica: Encantada.

c)
Enfermero: ¿Es usted Francisca López?
Señora: Sí, soy yo.

d)
Peluquero: ¿Cómo se llama?
Señora: María Asensio.

e)
Marta: Hola.
Pedro y Eduardo: Hola.
Marta: Soy Marta. Tú eres Eduardo, ¿verdad?
Pedro: No, yo soy Pedro.
Eduardo: Eduardo soy yo.
Marta: Ah, perdona. Mucho gusto.
Eduardo: ¿Qué tal?

Unidad 1, actividad 17

a) Boca, vaca.
b) Buenas, vino.
c) Vale, bola.
d) Buda, boda.

Unidad 1, actividad 18

a) Gitano, jinete.
b) Jijona, gigante.
c) Jefe, general.
d) Jota, jersey.
e) Gato, Guillermo.
f) Guinea, gol.

Unidad 1, actividad 19

a)
Encuestador: Perdona, ¿tienes un momento?, por favor.
Chica: ...Bueno, sí. Pero solo un momento.
Encuestador: Sí, solo son unas preguntas, ya sabes. ¿Cómo te llamas?
Chica: Marina.
Encuestador: ¿Cuántos años tienes?
Chica: Veintisiete.
Encuestador: ¿De dónde eres?
Chica: De Salamanca.
Encuestador: ¿Dónde vives?
Chica: Ahora, vivo aquí, en Madrid.
Encuestador: ¿A qué te dedicas?
Chica: Trabajo en un hospital, soy enfermera.
b)
Encuestador: Perdona, ¿tienes un momento?, por favor.
Chica: Bueno, sí. Pero solo un momento.
Encuestador: Sí, solo son unas preguntas, ya sabes. ¿Cómo te llamas?
Chica: Marina.
Encuestador: ¿Cuántos años tienes?
Chica: Veintisiete.
Encuestador: ¿De dónde eres?
Chica: Canaria, de Lanzarote.
Encuestador: ¿Dónde vives?
Chica: Ahora, vivo aquí, en La Laguna.

Encuestador: ¿A qué te dedicas?
Chica: Trabajo en un hospital, soy enfermera.

UNIDAD 2

Unidad 2, actividad 5

Presentador: El siguiente modelo viste un diseño clásico de Adolfo Domínguez. Se trata de un traje de chaqueta de líneas puras y rectas y de color blanco. La chaqueta y el pantalón son espectaculares. Destaca especialmente el cuello de la chaqueta.
El color irrumpe en la pasarela con este diseño de Ágatha Ruiz de la Prada. Se trata de un sencillo vestido, estilo años setenta. Las rayas y los círculos de color dan al vestido un *look* muy actual.
Y este es uno de los diseños más atrevidos para esta temporada. Es de Antonio Miró y es el clásico traje de chaqueta de color oscuro, pantalones estrechos y chaqueta amplia. Los pantalones combinan con una camisa del mismo color. Es un traje atrevido, porque es apto para todos los públicos.

Unidad 2, actividad 14

Naranja, noruego. Perro, carro. Parque, carné. Llevar, tener. Ramón, ropa. Tres, traje.

Unidad 2, actividad 15

La gente aprende español en muchos países del mundo. En Estados Unidos el español es la lengua extranjera más hablada y más estudiada. En Iberoamérica en casi todos los países hablan español. En Brasil la gente habla portugués y también muchas personas estudian español en las escuelas para comunicarse y porque quieren hacer negocios y trabajar con los países que hablan español y que forman la organización Mercosur, pero también estudian español para viajar.
En general, muchas personas estudian español para encontrar trabajo, para viajar, para hablar con amigos españoles o porque quieren estudiar en España o porque tienen un novio o una novia que habla español o, simplemente, porque les gusta la lengua.

UNIDAD 3

Unidad 3, actividad 1

a)
Padre: ¡Niños a la mesa!
Niño: ¿Qué vamos a comer?
Padre: Sopa.
Niño: ¡No! Otra vez sopa, no. Detesto la sopa.

b)
Chico 1: ¡Guau! ¡Qué guapa!
Chico 2: Sí, es la nueva compañera de clase.
Chico 1: Me gusta muchísimo. ¿Cómo se llama?

c)
Chico: ¡Qué aspecto tiene ese helado! ¿De qué es?
Chica: ¿Quieres? ¿Es de vainilla?
Chico: Sí, por favor, me encanta la vainilla.

d)
Hombre: ¡Vámonos de aquí! No soporto esta música, es horrible.
Mujer: Sí, sí, vámonos, yo tampoco la soporto.

e)
Hombre: ¡Oh! ¡Cómo cantan! ¡Suena fatal!
Mujer: ¡Calla, por favor! Que esta canción me gusta muchísimo.

Unidad 3, actividad 8

a)
Periodista: ¿Qué es lo que más le gusta?
Chica: ¿A mí?
Periodista: Sí, sí a usted.
Chica: ¿A mí? ¿Que qué me gusta a mí? Pues... No sé... Pues dormir. Sí, me encanta dormir.

b)
Chico: Yo... No sé... A ver, lo que más me gusta es comer palomitas mientras veo una película. Sí, eso es lo que más me gusta.

c)
Chica: Pues... Me gustan las películas de terror. Me encanta sentir miedo, el suspense, la tensión. ¡Es fantástico!

d)
Hombre: Bueno, leer, ...sí, ...leer autobiografías. Me gusta conocer las historias personales, las relaciones de las personas, sus sentimientos, sus pensamientos... Es que yo soy muy curioso.

Unidad 3, actividad 10

Beso, cine, pelo, liso, te, gris, media.

Unidad 3, actividad 11

a)
Mujer: Me llamo Pepa, ¿y tú?

b)
Hombre: ¿A ti te gusta Barcelona?

c)
Chico: A mí, sí.

d)
Mujer mayor: Me gusta pasear en bicicleta.

e)
Chico: Me encanta la música.

f)
Mujer: A nosotros nos gusta mucho salir de noche.

g)
Hombre: Pues a mí, no.

Unidad 3, actividad 12
Chica: ¿Te gusta viajar?
Chico: ¿Viajar? ¿A mí?
Chica: Sí, sí a ti.
Chico: No, no me gusta. No soporto viajar.
Chica: ¿Y no te gustan los aviones?
Chico: No.
Chica: ¿Pero te gusta conocer gente nueva?
Chico: No, no me gusta. Estoy muy bien en casa.
Chica: ¿Y visitar museos?
Chico: No, no me gustan los museos. ¡Qué aburrido!

UNIDAD 4

Unidad 4, actividad 9
Periodista: ¿Tenéis vuestra vida organizada?
Gemma: La verdad es que sí, ¿verdad cariño?
David: Sí, y además yo creo que muy bien.
Periodista: Bueno, a ver David, explícame, ¿qué hace Gemma?
David: Poca cosa.
Periodista: ¡Qué dices!
Gemma: Es verdad.
David: Gemma no tiene mucho tiempo libre. Trabaja todo el día en la consulta.
Periodista: ¿Es doctora?
Gemma: No, soy dentista.
David: Y muy buena, tiene muchos pacientes. Empieza a trabajar a las 9 h y está todo el día fuera de casa, vuelve a las 8.30 h o a las 9 h cada día.
Periodista: Entonces, no tenéis mucho tiempo para comprar o hacer los trabajos de casa.
Gemma: Yo no, pero David sí. Él hace casi todo, porque empieza muy pronto a trabajar, a las 7 h, y vuelve del trabajo a las 4 h, y claro tiene más tiempo.
Periodista: ¿Dónde trabajas?
David: En un banco.
Periodista: Así David que tú haces de amo de casa, ¿no?
David: Claro, ¿qué te crees? Sí señor: voy al supermercado, lavo la ropa, plancho a veces, y preparo la cena.
Gema: Cocina muy bien.
David: Bueno, pero Gemma lava los platos.
Periodista: Y ¿cuándo limpiáis la casa? O ¿tenéis ayuda de alguien?
Gemma: No, la limpieza la hacemos el fin de semana, el sábado por la mañana. Los dos nos levantamos y limpiamos. Es pesado, pero eso sí, el domingo no hacemos nada.
Periodista: Descansáis.
David y Gemma: Sí.
Gemma: Y comemos en casa de mis padres. Los domingos no ensuciamos la casa.
Periodista: ¡Ah! ¡Qué bien!
David: Tener la casa bien es mucho trabajo.

Unidad 4, actividad 10
Madre: ¿Qué tal la semana, chicos?
Gemma: Muy ocupados mamá, como siempre.
David: No paramos.
Gemma: Mamá, David prepara la cena todos los días.
Madre: ¡Caramba! Y ¿tienes tiempo?
David: Sí, ¡ah! Y tengo una receta nueva, pollo con piña.
Madre: Muy bien y ¿qué tal? ¿Difícil de cocinar?
David: No, ¡qué va! Pero esta comida sí que está muy rica.
Madre: Gracias, pero no es para tanto, no está mal, a ti te gusta comer de todo. ¿Quieres un poco más?
David: ¡Huy! No, de verdad, lo siento, la comida está muy buena, pero estoy lleno.
Gemma: ¡Ah! Por cierto, aquí tenéis un regalo. Es algo que os gusta mucho.
Padre: Hija, gracias, pero no teníais que comprar nada, no era necesario, vosotros trabajáis mucho, no tenéis tiempo para nada.
David: Nos gusta comprar regalos. Vosotros también nos invitáis a comer ¿no?
Padre: Bueno, pues venga, a brindar. ¡Por vosotros y la nueva vida!
Todos: Salud, chin, chin.
Todos: ¡Salud!
Gemma: ¡Uh, qué bueno! Huy, lo siento, todo por la mesa.
Madre: No pasa nada, alegría, alegría. Ahora lo limpio enseguida.
Padre: Bueno, yo preparo el café. ¿Quién quiere?
Todos: Yo, yo también.

Unidad 4, actividad 14
Buenas, hielo, bien, cien, luego.

Unidad 4, actividad 15
Podéis, pueden, juegas, empezáis, empiezo, queréis, juega, puedo, queremos, puedes.

Unidad 4, actividad 17
Hombre: ¿Sí?
Hombre: ¡Qué bien!
Hombre: ¡Qué dices!
Hombre: ¡Claro!
Hombre: ¡Venga!
Hombre: ¡Caramba!
Hombre: ¡Ala!
Hombre: ¿De verdad?
Hombre: ¡Que no!
Hombre: ¡Vaya!
Hombre: ¡Sí!

UNIDAD 5

Unidad 5, actividad 3

a)
Mujer: ¿Cenamos el sábado por la noche?
Hombre: Vale, ¿a qué hora quedamos?
b)
Chico: ¿Quieres ir a la playa mañana?
Chico: No, lo siento, tengo que ayudar a mis padres.
c)
Chica: ¿Te apetece ir a esquiar este fin de semana?
Chica: Sí, me parece una idea fantástica. ¿Cómo quedamos?

Unidad 5, actividad 10

Luis: A ver, a ver, no puede ser, dónde están mis llaves, ¿en mi habitación? No, no están... ¿Y encima de la mesita? Ah... llego tarde. ¿En la chaqueta? Sí, sí, están en la chaqueta.
Por fin tengo las llaves... Bueno, me puedo ir. Ahora necesito la cartera. ¿Dónde está la cartera? A ver en la chaqueta... No, en la chaqueta, no. ¿Y en los pantalones negros? Calma, tengo tiempo suficiente. No, en la cocina no está, es normal, ¿no? ¿En el comedor? En el comedor, tampoco está. Ajá, aquí está, en la estantería del recibidor. ¿Por qué está aquí? No sé, pero ya tengo la cartera.
Bueno, ya estoy preparado, ya me puedo ir.

Unidad 5, actividad 14

A: Oye, ¿haces algo mañana?
B: No, de momento no tengo planes.
A: ¿Te apetece ir a comer con Eloy y conmigo?
B: ¿A comer?
A: Sí, vamos a un japonés.
B: Vaya... lo siento... no puedo, es que mañana tengo que comer con mi familia. Es el cumpleaños de mi padre.
A: Entonces... ¿Qué tal el domingo?
B: El domingo... Tampoco puedo. Es que el lunes tengo un examen. ¿Quedamos el lunes después del examen?
A: Vale, ¿a qué hora y dónde?
B: A la 1 h en la puerta de la facultad.
A: Hasta el lunes y suerte.
B: Gracias, nos vemos el lunes.

Unidad 5, actividad 15

a)
Chico: ¿A qué hora quedamos mañana?
Chica: A las 12.15 h en el bar de la facultad, ¿vale?
b)
Hombre: ¿Cómo quedamos el domingo?
Hombre: A las 14.30 h en el Restaurante Don Pepe.
c)
Chica: ¿A qué hora quedamos para ir a la playa?
Chica: A las 13.45 h en tu casa.
d)
Chico: ¿A qué hora quedamos para ir a patinar?
Chico: A las 12.10 h en el parque.

UNIDAD 6

Unidad 6, actividad 6

Clara: Buenos días.
Recepcionista: Buenos días. ¿Tiene cita?
Clara: No.
Recepcionista: No importa, hoy no hay mucha gente. ¿Me dice su nombre, por favor?
Clara: Clara Rodríguez.
Recepcionista: Bueno, ¿qué quiere hacerse?
Clara: Cortar un poco el pelo.
Recepcionista: Muy bien. Por aquí, por favor, Clara. Enseguida estamos con usted. ¿Quiere una revista?
Clara: Sí, por favor. Gracias.
Peluquero: Buenos días. ¿Qué tal está?
Clara: Muy bien, gracias.
Peluquero: Vamos a ver... ¿Qué quiere hacerse?
Clara: Pues... cortarme un poco el pelo.
Peluquero: Es decir, que quiere el pelo igual, pero más corto. ¿No? ¿Y qué tal si cambiamos el color? ¿Qué tal más oscuro? Un color más oscuro puede quedarle muy bien.
Clara: ¿Sí? No sé, no estoy muy convencida. Siempre llevo el mismo color.
Peluquero: Un cambio de aspecto siempre es bueno.
Clara: No sé. Creo que no. Otro día.
Peluquero: Estupendo. Entonces, solo cortar un poco. ¿Me acompaña, por favor? Ahora Mario le lava el pelo y yo estoy enseguida con usted. ¿Vale?

Unidad 6, actividad 9

Javier: Uff... ¡Vaya día de compras! ¿Ya tenemos todo lo que necesitamos para la cena?
Sonsoles: Sí, vamos a ver, vamos a comprobarlo. Vamos a revisar la lista.
Javier: Tres bolsas de patatas fritas.
Sonsoles: No las veo. ¡Ah! Sí, están aquí.
Javier: Pan de molde para los bocadillos.
Sonsoles: Aquí lo tengo y también el jamón dulce y los patés.
Javier: En esta bolsa también están los huevos.
Sonsoles: ¿Cuántos hay?
Javier: Docena y media, ¿no?
Sonsoles: Sí, sí, perfecto.
Javier: ¿Dónde están las tres botellas de vino?
Sonsoles: Aquí. Las pongo ya en el botellero.
Javier: Aquí están las tres latas de aceitunas rellenas... Vale.
Sonsoles: Las latas las coloco aquí. ¿Y las galletas? No las veo.
Javier: Míralas.
Sonsoles: Es verdad, aquí están. Las pongo en el cajón.
Javier: Y por último... En la lista pone un paquete de mantequilla y el salmón. ¿Los ves?
Sonsoles: Sí, aquí están.
Javier: ¿Ya tenemos todo?
Sonsoles: Sí. Solo falta ahora preparar la cena.

Unidad 6, actividad 12

a)

Mujer: Marisa y Pepe vienen a cenar mañana.
Hombre: Fantástico.

b)

Hombre: No hay nada en la nevera. ¡Vamos a la compra!
Mujer: Qué bien.

c)

Hombre: ¡Juan se casa!
Mujer: ¿En serio?

UNIDAD 7

Unidad 7, actividad 2

a)

Mercedes: ¿Sí? ¿Dígame? ¡Elvira, qué sorpresa! ¿Qué tal estás?
Elvira: Bien. Mira, te llamo porque tengo dos entradas para el concierto de Tomatito de esta noche. ¿Te apetece ir?
Mercedes: Gracias, pero es que, tengo que estudiar. Mañana tengo un examen. ¿Por qué no llamas a Laura?
Elvira: Vale, ahora la llamo y mucha suerte mañana para tu examen.

b)

Hombre: Diga.
Manolo: ¿Está Javier?
Hombre: Sí, un momento. ¿De parte de quién?
Manolo: De Manolo.
Hombre: ¡Javier, Manolo al teléfono!

Unidad 7, actividad 11

Chico 1: ¿Te has fijado? ¡Qué pareja tan rara!
Chico 2: ¿Quiénes? ¿Aquellos de allí?
Chico 1: Sí, esos. Imagina a qué se dedican.
Chico 2: Pues no sé... Él puede ser investigador privado, pero ella con ese sombrero, es inconfundible. Es un poco extravagante. A lo mejor es una actriz.
Chico 2: Y ¿él? No sé. ¿Investigador privado? No sé, no sé. ¿Te has fijado en la corbata tan roja que lleva?
Chico 1: Sí, llama mucho la atención, es roja y con un pájaro dibujado. La verdad, este bar está lleno de gente curiosa. No sé, a lo mejor aquí viene gente del mundo de la moda y del cine.
Chico 2: Mira, mira... Fíjate en el camarero. ¿Has visto cómo lleva el pelo?
Chico 1: Sí, a mí me gusta. Lleva el pelo rizado y con un estilo muy actual y juvenil. Lo que sorprende de su pelo es el color. El verde es un color un poco llamativo para el pelo.
Chico 1: Sí y además el camarero no lleva uniforme, va con un traje negro, es un poco extraño.
Chico 2: Mira, mira cómo agarra la bandeja. ¡Lo hace solo con tres dedos de la mano!
Chico 1: Pues sí, definitivamente, un estilo muy peculiar.

UNIDAD 8

Unidad 8, actividad 6

a)

Madre: María, ven con mamá y siéntate aquí conmigo y sé buena, que mamá tiene pupa.
Hija: ¿Qué te duele mamá? ¿Tienes pupa?
Madre: Me duele mucho la muela y un poco el oído.
Hija: ¿Tienes fiebre?
Madre: No hija, no, pero no me encuentro bien.
Hija: ¿Quieres un caramelo?
Madre: No gracias, no puedo comer nada ahora. Anda ven, que ahora hablamos con el doctor.

b)

Hombre: ¿Dónde está el médico? ¿Por qué no nos llaman?
Mujer: Tranquilo, ¿te duele la pierna?
Hombre: No, pero estoy enfermo, no puedo hacer nada, estoy cansado de estar así.
Mujer: Bueno, pobrecito, seguro que la semana próxima ya puedes caminar sin el yeso. ¡Ánimo!
Hombre: Estoy hasta las narices.
Mujer: Sí, yo también.

c)

Enfermera: ¡Carlos González!
Paciente: Sí, soy yo.
Enfermera: Pase, por favor.
Doctor: Buenas tardes. ¿Qué le pasa?
Paciente: Pues, me encuentro mal, me duele mucho la garganta, la cabeza y me duele todo el cuerpo.
Doctor: Y... ¿Ha tenido fiebre?
Paciente: Sí, 38º. Esta mañana me he tomado una pastilla.
Doctor: A ver, abra la boca.
Paciente: Ahhh.
Doctor: Bueno, tiene la garganta un poco roja, pero no es nada grave. Ahora en esta época del año es normal. Tómese esto y descanse un par de días.
Paciente: Gracias, hasta luego.

d)

Hija: Mamá, ¿por qué no te sientas?
Madre: No quiero, me duele más la espalda cuando estoy sentada.
Hija: ¿Te duele mucho?
Madre: Pues sí, y cuando camino me duele menos. ¡Ay, Dios mío! ¡Qué difícil es hacerse mayor!
Hija: Mamá, por favor, solo tienes cincuenta y cinco años.

e)

Hijo: ¡Huy!, ¡huy! Papá, ahora me duele mucho.
Padre: A ver... Uf. El pie está muy hinchado.
Hijo: Me duele, papá, haz algo.
Padre: No puedo hacer nada, espera al médico.
Hijo: No puedo, mañana por la mañana tengo un partido de fútbol.
Padre: ¡Qué dices! De eso nada, mañana no hay fútbol.
Hijo: ¿Por qué? Seguro que mañana estoy perfectamente... Ay, huy... Bueno, quizás no.

Unidad 8, actividad 16

Palabras agudas: español, canción, menú, opinión, invitación, dolor, corazón.
Palabras llanas: semana, rojo, banco, mañana, cabeza, otoño, fruta.
Palabras esdrújulas: teléfono, electrodoméstico, médico, película, informático, estómago, artículo.

UNIDAD 9

Unidad 9, actividad 8

Marisa: Mira, ya salen las maletas, vamos por las nuestras.
Pedro: Sí, ya voy, aunque no sé si vamos a poder con todo.
Marisa: Venga. ¿Tú crees? Total, no hemos comprado muchas cosas. Mira aquí hay un carrito.
Pedro: Ya, ya... Te recuerdo que has comprado camisetas de todas las ciudades que hemos visitado.
Marisa: Oye, ¿ves nuestras maletas? Parece que ya no salen más.
Pedro: Es verdad, ya no hay más.
Marisa: ¡Qué horror! ¿Qué hacemos ahora?
Pedro: Pues, no sé, pero tranquilízate.
Marisa: Mira un policía. Pregúntale a él.
Pedro: Oiga, perdone, nuestras maletas no han salido. ¿Qué podemos hacer?
Policía: Tienen que dirigirse a ese mostrador de la derecha, el de «reclamación de equipajes».
Marisa: Gracias. Es verdad, con los nervios no hemos visto el cartel, pero está claro que tenemos que ir al mostrador de «reclamación de equipajes».
Pedro: Buenas tardes.
Asistente del aeropuerto: Buenas tardes.
Pedro: Mire, hemos llegado ahora mismo de Buenos Aires, en el vuelo IB 97350, pero nuestras maletas no han llegado todavía.
Asistente del aeropuerto: Sí, a veces pasa. Pero no se preocupen. Aquí tienen este papel, rellénenlo con la información sobre sus maletas. Tienen que describir el modelo, el tamaño, el color y la marca, si se acuerdan...
Marisa: Ya... Creo que sí que podemos hacer una descripción de las maletas.
Asistente del aeropuerto: Bien, además tienen que escribir en el papel sus datos personales, su dirección, su número de teléfono y el vuelo que ustedes han cogido.
Pedro: Sí, ahora mismo rellenamos el papel con nuestros datos. Pero, no nos parece normal, oiga. Esto es muy raro, nosotros hemos facturado nuestro equipaje con el tiempo suficiente y además les hemos puesto las etiquetas con nuestra dirección.
Asistente del aeropuerto: Ya, no es normal perder las maletas, pero a veces sucede. Ustedes pueden irse a casa tranquilos que nosotros nos ocupamos de todo. Se las llevamos a casa. ¿Van a estar en esta dirección?
Marisa: Sí, pero... ¿Y si no aparecen las maletas? Llevamos toda nuestra ropa, los regalos para los niños...
Asistente del aeropuerto: Bueno, normalmente aparecen. Relájense, vayan a casa y esperen.
Pedro: Vamos, Marisa ya has oído: lo único que podemos hacer es ir a casa y esperar.

Unidad 9, actividad 11

OMS, PSOE, FAO, RENFE, ONU, PP, AVE, UE.

Unidad 9, actividad 12

Chica 1: Empiezo yo, ¿vale? Recordad: yo digo una palabra y el siguiente tiene que decir otra palabra que tiene que empezar con el final de la que yo he dicho. ¿Sí?
Chico 2: A ver, tú dices, por ejemplo, una palabra que termina en *sa*, como *mesa* y yo tengo que decir otra que empieza por la letra *a* o por la sílaba *sa*.
Chico 1: Sí, sí.
Chico 2: Vale, vale. ¿Empezamos?
Chico 1: Vale, empiezo: *Paco.*
Chico 2: *Come.*
Chico 1: *Meter.*
Chico 2: *Tercero.*
Chico 1: *Roto.*
Chico 1: *Tocar.*
Chico 2: *Carta.*
Chico 2: *Taza.*
Chico 1: *Za, za, za*, ahhh, no sé más.
Chico 2: Ja, ja, ja, has perdido.

UNIDAD 10

Unidad 10, actividad 11

Pedro: A ver si adivináis qué hacía. Vosotros me preguntáis y yo solo respondo sí o no.
Ana: Estabas solo.
Pedro: No.
Javier: Estabas con mucha gente.
Pedro: Sí.
Ana: ¿Cuántos erais?
Pedro: Ah, di un número.
Javier: Cinco.
Pedro: No, más.
Ana: 15.
Pedro: No, menos.
Javier: 12.
Pedro: No, menos.
Javier: 11.
Pedro: Sí.
Ana: ¿Había chicos y chicas?
Pedro: No, éramos solo chicos.
Ana: ¿Solo chicos? ¿Era una fiesta?
Pedro: No, no.
Javier: Hacíais algo especial.
Pedro: Sí, algo en equipo.
Javier: ¿Era verano?
Pedro: No, pero llevábamos pantalones cortos.
Javier: Corríais.
Pedro: Sí, pero con un objeto.
Ana: ¿Era una pelota?
Pedro: Sí.
Javier: Ya lo sé, ya lo sé... goooool.

Unidad 10, actividad 13

Queso, cena, quiero, cielo, jefe, gente, jarabe, corbata, casa.

UNIDAD 1

1. **Respuesta modelo:**
• b)–*Hola, buenos días.* / –*Hola, buenos días, señora.* • c)–*Adiós, buenas tardes.* / –*Adiós, hasta mañana.* • d)–*Buenas noches.* / –*Hola, buenas noches.*

2. **Respuesta modelo:**
• 2) *arquitecto: masculino*; • 3) *profesora: femenino*; 4) *informático: masculino*; • 5) *cantante: masculino y femenino*; • 6) *bombero: masculino*; • 7) *mecánico: masculino*; • 8) *taxista: masculino y femenino*; • 9) *médica: femenino*; • 10) *secretario: masculino*.

3. • b) *es; es; son; Viven;* • c) *es; Vive; Es;* • d) *es; Es; Vive.*

4. • **Gloria López**: *Santiago de Cuba*; • **John Haliday**: *cuarenta y tres años; Reino Unido;* • **Anne Allen**: *redactora; veintiocho años; San Francisco;* • **Naoko Yamaha**: *estudiante; veinte años; Japón.*

5. • a) *¿Cómo se llama?* • b) *¿Dónde vive/vives?* • c) *¿Cuántos años tiene/tienes?* • d) *¿Puede decirme su número de teléfono? / ¿Puedes decirme/darme tu número de teléfono? / ¿Cuál es tu número de teléfono?* • e) *¿Puede darme su dirección de correo electrónico? / ¿Puedes darme tu dirección de correo electrónico?* • f) *¿A qué se dedica? / ¿Cuál es su profesión? / ¿A qué te dedicas? / ¿Cuál es tu profesión?* • g) *¿De dónde eres/es?*

6. **Respuesta modelo:**
• b) *Hola, me llamo Peter y soy inglés. Soy estudiante. Tengo veintiséis años y vivo en Londres.* • c) *Hola, me llamo Ali y soy marroquí, de Casablanca. Soy músico. Tengo veintisiete años y vivo en España.* • d) *Hola, somos Ángel y María y somos italianos. Somos empresarios. Tenemos treinta y cinco años y vivimos en Milán.* • e) *Hola, me llamo Johan y soy holandés, de Amsterdam. Soy entrenador de baloncesto. Tengo treinta y ocho años y vivo en Barcelona.* • f) *Hola, me llamo Carol y soy americana, de Los Ángeles. Soy profesora. Tengo veinticinco años y vivo en San Francisco.* • g) *Hola, me llamo Keiko y soy coreano. Soy pintor. Tengo veintidós años y vivo en Bilbao.*

7. • 9) *Nicaragua*; • 10) *El Salvador*; • 11) *Uruguay*; • 12) *Paraguay*; • 13) *República Argentina*; • 14) *Venezuela*; • 15) *República Dominicana*; • 16) *Ecuador*; • 17) *Panamá*; • 18) *Honduras*; • 19) *Perú*; • 20) *Puerto Rico.*

8. • *mexicano, mexicana;* • *Colombia;* • *cubano, cubana;* • *Nicaragua;* • *Bolivia;* • *salvadoreña;* • *uruguayo, uruguaya;* • *Paraguay;* • *argentino;* • *Chile;* • *venezolano;* • *Costa Rica;* • *dominicano, dominicana;* • *guatemalteca;* • *Ecuador;* • *panameño;* • *hondureña;* • *peruano, peruana;* • *puertorriqueño.*

9. • a) *La moto Harley es americana.* • b) *El coche Mercedes es alemán.* • c) *El reloj de cuco es suizo.* • d) *Las chanclas son japonesas.* • e) *El abanico es español.* • f) *El vodka es ruso.*

10. **Respuesta abierta.**

11. • a) *93 4 03 03 03*; • b) *0 91*: • c) *93 7 89 65 21*; • d) *93 6 66 81 81.*

12. • a) *9, 11, 13, 15, 17, 19*; • b) *80, 100, 120, 140, 160, 180*; • c) *25, 30, 35, 40, 45, 50, 55, 60, 65, 70, 75*; • d) *500, 600, 700, 800, 900, 1.000, 1.100, 1.200, 1.300, 1.400*; • e) *12, 14, 16, 18.*

13. • a) *quince*; • b) *ciento cincuenta*; • c) *mil quinientos*; • d) *quince mil*; • e) *ciento cincuenta mil*; • f) *un millón quinientos mil*; • g) *quince millones*; • h) *ciento cincuenta millones.*

14. • **Diálogo** ***a:***
Profesora: Buenos días.
Chica: Buenos días.
Profesora: Me llamo Pepa López y soy la profesora de español. ¿Y tú cómo te llamas?
Chica: Noriko.
Profesora: ¿De dónde eres?
Chica: Soy japonesa, de Tokio.
Profesora: ¡Ah! ¿Y a qué te dedicas?
Chica: Soy secretaria de dirección.

• **Diálogo** ***b:***
Chica: Hola, ¿qué tal?
Chico: Bien, ¿y tú?
Chica: No eres español, ¿verdad?
Chico: No, soy de California.
Chica: ¡Ah! ¿Y a qué te dedicas?
Chico: Soy estudiante, estudio informática. ¿Y tú?
Chica: Pues, yo trabajo en una oficina, soy contable.

15. • a) *usted*; • b) *tú*; • c) *usted*; • d) *usted*; • e) *tú.*

16. • a) *¿Cuántos años tienes?; tengo; tengo; estudiante; (yo) soy.* • b) *¿qué tal?; Bien, ¿de dónde eres?* • c) *usted; Bien;* • d) *se llama; repetirlo; se deletrea.*

PRONUNCIACIÓN

17. **Respuesta abierta.**

18. **Respuesta abierta.**

19. **Respuesta abierta.**

UNIDAD 2

1. **Respuesta modelo:**
Yo soy madrileña. Soy alta y morena. Tengo los ojos azules y el pelo largo. Llevo gafas para leer y ver la televisión.

2. • *es;* • *es; lleva;* • *llevan;* • *es; tiene; lleva.*

3. • a) *...jersey...* • b) *...una camiseta, un pantalón corto y un sombrero. Ella lleva un pantalón corto y una camiseta.* • c) *...pantalones vaqueros y camisetas de manga corta.* • d) ...que ahora lleva el pelo *corto* y *rubio/liso,* vestida con *una falda, y su hermana en la inauguración de un centro comercial.*

4. • **Antonio Miró:** *foto c;* • **Adolfo Domínguez:** *foto b;* • **Ágatha Ruiz de la Prada:** *foto a.*

5. • a) *Adolfo Domínguez;* • b) *Ágatha Ruiz de la Prada;* • c) *Antonio Miró.*

6. • *calvo; bajo; negras;* • *delgada; liso; negra; blanca; negros.*

7. • a) *Micky Mouse es negro.* • b) *El Guernica de Picasso es blanco y negro.* • c) *Una señal de stop es roja.* • d) *El Taj Mahal es blanco.* • e) *Las pirámides de Egipto son doradas.* • f) *La bandera de la Unión Europea es azul y amarilla.* • g) *azul y granate.* • h) *roja y amarilla.*

8. • **Querida María:**
No es un grupo muy grande. Es pequeño. Son siete estudiantes de distintos países. Cuatro estudiantes son australianos. Son dos chicas y dos chicos. Las chicas se llaman Mary y Kimberley. Mary es alta y rubia. Tiene diecinueve años y estudia español porque quiere ir a vivir a Guatemala. Kimberley es de Sydney. Tiene también diecinueve años. Es morena con los ojos grandes y negros. Es de origen español y estudia español para hablar con la familia de su madre que vive en Madrid. Los dos chicos australianos son de Melbourne. Son hermanos. Son muy parecidos físicamente. Los dos son pelirrojos y con los ojos verdes. Son altos y atléticos. John tiene dieciocho años y Lloyd tiene veinte. John estudia español porque quiere trabajar en el futuro en una compañía multinacional en Chile. Su novia es chilena. Lloyd estudia Relaciones Internacionales porque quiere viajar por todo el mundo. También estudia japonés, francés y ruso.
Dos estudiantes son italianos. Se llaman Marco y Paolo. Marco tiene veinticinco años y es de Milán. No es muy alto. Tiene el pelo rizado y negro. Estudia español ***porque*** *trabaja en una gran compañía española y ahora vive en Madrid con su familia. Está casado y tiene un hijo pequeño. Paolo es de Roma. Es muy alto. Mide casi dos metros. Tiene veintiún años. Estudia arqueología en la Universidad de Roma y estudia español* ***para*** *visitar el Machu Picchu el año próximo. Una estudiante es japonesa. Se llama Rie. Estudia español* ***para*** *viajar a Sevilla y aprender flamenco con una profesora española. Rie habla español muy bien* ***porque*** *tiene muchos amigos españoles y habla mucho con ellos. Ya conoces a mis estudiantes. Suerte.*
Un abrazo,
Lola.

9. **Respuesta modelo:**
• b) *Este es Derek. Es músico. Es muy moderno.*
• c) *Estos son Paco, Luis y Javier. Paco y Luis son bastante alegres, pero Javier es muy serio.*
• d) *Estos son Michael y Larry, son muy divertidos.*
e) • *Esta es Marilyn. Es muy cariñosa.*

10. • **Juanjo:** *Es; Tiene; Tiene; Lleva; Es; trabaja; Es; Tiene.* • **Carmen:** *Es; Tiene; Tiene; Es; Lleva; Es; Estudia; Es; Tiene.* • **Luis Enrique:** *Es; Es; Lleva; lleva; Es; Es; vive; Tiene.* • Kasper: *Es; Es; Tiene; Es; Es; hace; Tiene.* • **Raquel:** *es; Tiene; Tiene; lleva; Es; Es; Tiene.*

11. • a) *–¿Eres francesa? / –No, soy alemana. / –Me llamo Ingrid. ¿Tú te llamas Paola, verdad? / –Sí, Paola.* • b) *–¿Dónde vives en Barcelona? / –Vivo en la calle Aragón. ¿Y tú? / –Pues yo vivo en la calle Rosellón.* • c) *–¿Quién es el que lleva sombrero? –Es muy guapo. / –Es Peter, un estudiante de español de mi clase. Es noruego y es muy simpático.* • d) *–¿Por qué estudiáis español? / –Yo estudio español para encontrar un buen trabajo. / –Pues, yo porque quiero hablar muchas lenguas.* • e) *–¿Eres nervioso? / –Sí, soy bastante nervioso.*

12. • b) *tú;* • c) *tú;* • d) *usted;* • e) *tú;* • f) *usted;* • g) *usted;* • h) *usted;* • i) *usted;* • j) *tú;* • k) *tú.*

13. • b) *¿Qué tal tú?* • c) *Gracias.* • d) *Gracias por el desayuno, buenos días.* • e) *Hola.* • f) *Adiós.*

PRONUNCIACIÓN

14. **Respuesta abierta.**

15. **Respuesta abierta.** (Ver transcripción Unidad 2, actividad 15, pág. 16).

UNIDAD 3

1. • a) *desagrado;* • b) *agrado;* • c) *agrado;* • d) hombre: *desagrado;* mujer: *desagrado;* • e) hombre: *desagrado;* mujer: *agrado.*

2. **Respuesta abierta.**

3. **Respuesta modelo:**
• *Me/te/le/nos/os/les gusta la música/jugar al tenis/viajar/leer novelas/los días de sol.* • *Me/te/le/nos/os/les gustan las películas románticas/los bares.*
• **Respuesta abierta.**

4. • *me;* • *me;* • *me;* • *le;* • *le;* • *le;* • *nos;* • *nos;* • *les;*
• *nos/les;* • *os.*

5. **Respuesta modelo:**
• a) *Pues a mí también.* • b) *A mí también;*
• c) *Pues a mí no.* • d) *A mí tampoco.* • e) *Pues a mí sí.* • f) *Yo tampoco.* • g) *A mí también.* • h) *Pues a mí sí.* • i) *A mí también.*

6. • **Diálogo a:**
–Mira qué zapatos más bonitos.
–¿Cuáles? ¿Los azules?
–Sí. ¿No te gustan?
–La verdad, no mucho. Pero, si a ti te gustan...

• **Diálogo b:**
–Hola, hijo.
–Hola. ¿Qué hay para comer?
–Arroz con tomate.
–¡Qué bien! Me encanta el arroz con tomate.

• **Diálogo c:**
–¿Cuál es tu cantante preferido?
–A mí el último disco de Alejandro Martín me gusta, me gusta bastante.
–¿En serio te gusta Alejandro Martín?
–No, Alejandro Martín, no. A mí me gusta su música.
–Su música, su música... Pero si no sabe cantar. Tiene una voz horrorosa.
–¡Ala! ¡Qué exagerada!

• **Diálogo d:**
–¿Qué hacemos? ¿Vamos al cine?
–Vale. ¿Qué vamos a ver?
–La última de Andy García, mi actor preferido.
–¿Tu actor preferido? A mí no me gusta nada. No lo soporto.
–Pues a mí me gusta mucho. Pero si a ti no te gusta, vamos a ver otra película.

7. • **Palabras del crucigrama:** *helados; pasear; viajar; café; gramática; conciertos; música; leer; playa; paella; atasco; escribir; películas; deporte; museos.*
• **Acciones:** *pasear; viajar; leer; escribir.* • **Nombres:** *café; gramática; conciertos; música; playa.* • **Adjetivos:** *alegre; triste; vital; claro; oscuro.*
• **Respuesta abierta.**

8. • **Entrevistado 1:** a) *¿A mí?;* b) *¿Qué que me gusta a mí?;* • **Entrevistado 2:** c) *No sé...;* d) *Sí, eso es;*
• **Entrevistado 3:** e) *Pues me gustan;* • **Entrevistado 4:** f) *leer... sí, ...leer.*

9. Se repiten algunas palabras en el primer diálogo (*no sé, a ver...*). Sirven para que la persona que contesta, mientras dice estas palabras, piensa lo que va a contestar.

PRONUNCIACIÓN

10. **Respuesta abierta.**

11. **Respuesta abierta.**

12. **Respuesta abierta.** (Ver transcripción Unidad 3, actividad 12, pág. 67).

UNIDAD 4

1. • Madrid: *dos y media;* • El Cairo: *tres y media;*
• Nueva York: *ocho y media;* • Tokio: *nueve y media;* • Sydney: *diez y media;* • Taipei: *ocho y media;* • Calcuta: *cinco y media.*
• **Respuesta modelo:**
• *En Madrid están comiendo.*

2. **Respuesta modelo:**
Por la mañana el náufrago se despierta, hace gimnasia y tira al mar botellas con mensajes de SOS. Después de jugar, recoge cocos para hacer la comida. Por la tarde juega al fútbol y antes de cenar lee el periódico. Por la noche se tumba en la arena y mira a las estrellas y al final se duerme.

3. **Respuesta modelo:**
Yo siempre leo el periódico y escucho la radio antes de dormir. Pero nunca veo la televisión en la cama ni ceno mucho.

4. **Respuesta modelo:**
Mis compañeros, un lunes por la mañana, van a estudiar. Un domingo por la noche van al cine. A la hora de la comida ven la televisión. El viernes por la noche van a la discoteca. Un día de trabajo por la noche se van a la cama pronto. Un fin de semana largo se van a la playa. Un domingo por la mañana van al parque.

5. **Respuesta abierta.**

6. **Respuesta abierta.**

7. **Respuesta modelo:**
Se levanta a las siete y cuarto y después se toma sus medicinas. Luego desayuna, lee el periódico, se viste y se peina. Después sale de casa y pasa un rato en los atascos hasta llegar a su oficina. Trabaja en el ordenador y hace algunas llamadas. Por la tarde recoge a los niños en el colegio. Ve un poco la televisión y por la noche sale a tomar algo

con sus amigos y con su pareja y van a ver una película al cine. Vuelve con su pareja a casa y se acuestan muy tarde.

8. • *Se llama; tiene; Es; Vive; lleva; Está; es; trabaja; da; recibe; Come; da; da; Cena; va; Se acuesta.*

   • **Respuesta modelo:**
   Se llama Marie Dalouze y tiene veintiséis años. Es francesa de origen caribeño. Vive desde hace nueve meses en Madrid. Es soltera, pero vive con su compañero y trabaja en una tienda de artesanía indígena. Por las mañanas trabaja en la tienda de 10.00 h a 14.00 h. Los martes y jueves recibe clases de español de 13.00 h a 14.00 h. Come a las 15.30 h. Por las tardes trabaja en la tienda de 16.00 h a 20.00 h. Después recibe clases de cocina española en una academia de 21.00 h a 22.00 h. Cena a las 22.30 h con su compañero en su casa y se acuesta a las 24.00 h.

9. • a) *ella;* • b) *ella;* • c) *él;* • d) *él;* • e) *él;* • f) *ella;* • g) *él y ella.*

10. • a) *Está muy rica.* • b) *No es para tanto, no está mal.* • c) *¿Quieres un poco más?* • d) *Lo siento, la comida está muy buena, pero estoy lleno.* • e) *Gracias, pero no tenías (teníais) que comprar nada. No era necesario.* • f) *Salud, chin, chin.* • g) *No pasa nada, alegría, alegría.*

11. • a) *La niña es Caperucita Roja, la señora es su madre y la señora mayor es su abuela.* • c) *El pato más grande es el tío y los tres patos más pequeños son sus sobrinos.* • d) *Los dos niños son Hansel y Gretel y son hermanos.* • e) *Son la familia Adams. El señor gordito es el abuelo de los niños y el padre de la pareja central. Los dos niños son los hijos. El señor más alto es el mayordomo y la señora gordita es la cocinera.*

12. **Respuesta abierta.**

13. **Respuesta abierta.**

PRONUNCIACIÓN

14. **Respuesta abierta.**

15. • *podéis;* • *pueden;* • *juegas; empezáis;* • *empiezo;* • *queréis;* • *juega;* • *puedo;* • *queremos;* • *puedes.*

16. **Respuesta abierta.**

17. • **Asombro:** *¿Sí? ¡Ala!; ¡Vaya!; ¿De verdad?; ¡Qué dices!; ¡Caramba!; ¡Venga!;* • **Acuerdo:** *¡Claro!; ¡Qué bien!; ¡Sí!;* • **Desacuerdo:** *¡Que no!; ¡Qué dices!*

UNIDAD 5

1. **Respuesta modelo:**
   Hay una farmacia que está enfrente de la salida del metro. Hay un hospital detrás de la farmacia y cerca hay un banco. Hay un colegio al lado del hospital.
   • **Respuesta abierta.**

2. **Respuesta abierta.**

3. • a) *Vale, ¿a qué hora quedamos?;* • b) *No, lo siento, tengo que ayudar a mis padres.* • c) *Sí, me parece una idea fantástica. ¿Cómo quedamos?*

4. **Respuesta modelo:**
   • a) *Lo siento, es que el fin de semana voy a esquiar con Luis y llegaremos muy tarde.* • b) *Lo siento, es que no me gustan los caracoles.* • c) *Lo siento, es que tengo rota la pierna.* • d) *Lo siento, es que ya he quedado para ir al cine.* • e) *Lo siento, es que estoy enfermo, tengo mucha fiebre.* • f) *Lo siento, es que me voy a Toledo con mi profesor y mis compañeros de la clase de español.*

5. **Respuesta abierta.**

6. **Respuesta modelo:**
   Primero tiene que ir al mercado para comprar la comida, luego tiene que ir al quiosco a comprar el periódico; después tiene que recoger al niño en la escuela y, finalmente, tiene que llegar a casa a preparar la comida.

7. **Respuesta abierta.**

8. **Respuesta modelo:**
   • Tipos de vivienda: *piso; apartamento; dúplex; chalé...* • Partes de una casa: *habitación; garaje; cocina; comedor; baño...* • Muebles: *armario; mesa; silla; ducha; horno...*

9. • a) *están;* • b) *Hay; hay;* • c) *está; está;* • d) *Hay;* • e) *Hay; hay.*

10. • *Las llaves están en la chaqueta.* • *La cartera está en la estantería del recibidor.*

11. **Respuesta modelo:**
    • **Dormitorio:** *cama; cómoda; vestidor.* • **Baño:** *cortina; lavabo; bañera.* • **Comedor:** *silla; mesa; sillón; televisor; mesa pequeña; teléfono, librería, sofá, aparador.* • **Cocina:** *pila, pegadero; frigorífico; cocina.*

12. **Respuesta abierta.**

13. **Respuesta modelo:**
    • **Lunes:** *De primero: ensalada; de segundo: pollo asado; de postre: tarta de chocolate;* • ***Martes:*** *de*

primero: judías con jamón; de segundo: besugo al horno; de postre: fruta del tiempo. • ***Miércoles:*** *de primero: sopa; de segundo: lomo con patatas; de postre: flan.*

PRONUNCIACIÓN

14.

A: *Oye, ¿haces algo mañana?*
B: *No, de momento no tengo planes.*
A: *¿Te apetece ir a comer con Eloy y conmigo?*
B: *¿A comer?*
A: *Sí, vamos a un japonés.*
B: *Vaya, lo siento, no puedo, es que mañana tengo que comer con mi familia. Es el cumpleaños de mi padre.*
A: *Entonces... ¿Qué tal el domingo?*
B: *El domingo... tampoco puedo. Es que el lunes tengo un examen. ¿Quedamos el lunes después del examen?*
A: *Vale, ¿a qué hora y dónde?*
B: *A la 1 h en la puerta de la facultad.*
A: *Hasta el lunes y suerte.*
B: *Gracias, nos vemos el lunes.*

15. • a) *12.15 h*; • b) *14.30 h*; • c) *13.45 h*; • d) *12.10 h*.

UNIDAD 6

1. • a) *El que lleva traje de chaqueta está mirando el cartel del recorrido del autobús.* • b) *La joven está leyendo el periódico.* • c) *El chico y la chica están hablando.* • d) *La señora está mirando los horarios.* • e) *La chica está mirando el reloj.* • f) *El niño está bebiéndose un refresco.* • h) *La madre del niño está hablando por el móvil.* • g) *El niño está comiendo un bocadillo al lado de su de madre.* • i) *El adolescente está escuchando música con un* walkman. • j) *El turista está mirando un plano de la ciudad.*

2. • a) *perfumería;* • b) *panadería;* • c) *librería;* • d) *frutería;* • e) *papelería;* • f) *ferretería;* • g) *pescadería;* • h) *farmacia;* • i) *quiosco;* • j) *carnicería.*

3. Respuesta abierta.

4.

Dependiente: *Buenos días. ¿Qué desea?*
Elisa: *Un cartón de leche.*
Dependiente: *¿Desnatada, semidesnatada o entera?*
Elisa: *Entera no, semidesnatada.*
Dependiente: *¿Algo más?*
Elisa: *Sí, un paquete de galletas.*
Dependiente: *¿Lo quiere grande o pequeño?*
Elisa: *Grande, a mis hijos les encantan las galletas.*
Dependiente: *Estas galletas suelen tener mucho éxito. ¿Algo más?*
Elisa: *Dos botes de tomate.*
Dependiente: *¿Natural o frito?*
Elisa: *Uno natural y otro frito.*
Dependiente: *¿Algo más?*
Elisa: *No, ya está... ¡Ah, sí! una lata de aceitunas.*
Dependiente: *¿Verdes? ¿Sin hueso?*
Elisa: *Verdes, con hueso.*
Dependiente: *¿Algo más?*
Elisa: *No. ¿Cuánto es?*
Dependiente: *La leche, las galletas, el tomate, las aceitunas..., cinco con 50 euros.*
Elisa: *Cinco con 50 euros. ¿No? Aquí tiene.*
Dependiente: *Gracias. Adiós.*
Elisa: *Adiós. Buenos días.*

5. • *Qué;* • *Cuál;* • *Qué;* • *Cuál;* • *cuál.*

6.

Clara: *Buenos días.*
Recepcionista: *Buenos días. ¿Tiene cita?*
Clara: *No.*
Recepcionista: *Bueno, ¿qué quiere hacerse?*
Clara: *Cortar un poco el pelo.*
Recepcionista: *No importa. Hoy no hay mucha gente. ¿Me dice su nombre, por favor?*
Clara: *Clara Rodríguez.*
Recepcionista: *Muy bien. Por aquí, por favor, Clara. Enseguida estamos con usted. ¿Quiere una revista?*
Clara: *Sí, por favor. Gracias.*
Peluquero: *Buenos días. ¿Qué tal está?*
Clara: *Muy bien, gracias.*
Peluquero: *Vamos a ver... ¿Qué quiere hacerse?*
Clara: *Pues... cortarme un poco el pelo.*
Peluquero: *Es decir, que quiere el pelo igual, pero más corto. ¿No? ¿Y qué tal si cambiamos el color? ¿Qué tal más oscuro? Un color más oscuro puede quedarle muy bien.*
Clara: *¿Sí? No sé, no estoy muy convencida. Siempre llevo el mismo color.*
Peluquero: *Un cambio de aspecto siempre es bueno.*
Clara: *No sé. Creo que no. Otro día.*
Peluquero: *Estupendo. Entonces, solo cortar un poco. ¿Me acompaña, por favor? Ahora Mario le lava el pelo y yo estoy enseguida con usted. ¿Vale?*

7. • **ensalada de la huerta**: a) *9, 20, 7, 8, 2, 11, 3*; • **ensalada amarga**: c) *16, 17, 1, 21, 6, 7, 19*; • **ensalada marinera**: b) *4, 17, 14, 7, 21, 15, 10*; • **ensalada tropical**: d) *12, 4, 3, 13, 18, 22.*

• Respuesta abierta.
• Respuesta abierta.

8. Respuesta modelo:
• *Las zapatillas en Andorra porque son más baratas.* • *La cámara fotográfica en Austria porque son más baratas.* • *El microondas en España porque tiene muy buenos precios.* • *El reproductor de DVD en Bélgica, Austria, Holanda o Luxemburgo porque es*

más barato. • *Los esquís en Andorra porque son más baratos.* • *El carrete de fotos no lo compres en Austria porque allí son más caros.* • *La plancha en España porque es más barata.* • *El reproductor de CD en Alemania, Austria u Holanda porque es más barato.* • *El perfume en Andorra porque es más barato.* • *La máquina taladradora en Alemania porque es más barata.* • *Un aparato de vídeo en Bélgica, Austria, Holanda Luxemburgo porque es más barato.* • *La muñeca en España porque es más barata.* • *Un ordenador portátil en Alemania, Austria u Holanda porque es más barato.*

9. • *las;* • *lo;* • *las;* • *las;* • *las;* • *las;* • *las;* • *los.*

10. **Respuesta modelo:**
 • a) *Es para escribir. / Sirve para escribir.* • b) *Es para llevar los libros. / Sirve para llevar los libros.* • c) *Es para cortar. / Sirve para cortar.* • d) *Es para estudiar español. / Sirve para estudiar español.* • e) *Es para hacer las actividades de español. / Sirve para hacer las actividades de español.*

11. **Respuesta modelo:**
 • a) *Son muchas personas para ir en una moto. / Hay muchas personas para ir en una moto.* • b) *Dos son pocas personas para llevar un armario.* • c) *Son pocas personas para jugar un partido de fútbol. / Hay pocas personas para jugar un partido de fútbol.* • d) *Un pollo es poco para comer quince personas. / Hay poco pollo para comer quince personas.* • e) *Son bastantes cinco novelas para una semana de vacaciones.* • f) *Son pocas dos botellas de vino para una cena para seis personas. / Hay pocas botellas de vino para una cena para seis personas.* • g) *Es mucha pizza para solo dos personas. / Hay mucha pizza para solo dos personas.*

PRONUNCIACIÓN

12. • a) *ningún interés;* • b) *poco interés;* • c) *mucho interés.*

UNIDAD 7

1. • a) *Ha llamado al 909 12 34 56;* • b) *comunica;* • c) *Dígame; Lo siento, se ha equivocado de número;* • d) *¿Puedo hablar con Asunción?; ¿De parte de quién?; ¿Puede darle un recado?*

2. • **Conversación 1:** *–¿Sí? ¿Dígame? ¡Elvira, qué sorpresa! ¿Qué tal estás? / –Bien. Mira, te llamo porque tengo dos entradas para el concierto de Tomatito de esta noche. ¿Te apetece ir? / –Gracias, pero es que, tengo que estudiar. Mañana tengo un examen. ¿Por qué no llamas a Laura? / –Vale, ahora la llamo y mucha suerte mañana para tu examen.*
 • **Conversación 2:** *–Diga. / –¿Está Javier? / –Sí, un momento. ¿De parte de quién? / –De Manolo. / ¡Javier, Manolo al teléfono!*

3. **Respuesta abierta.**

4. **Respuesta modelo:**
 • *Se busca camarero/a de veinticinco años con experiencia para restaurante. Condiciones económicas interesantes. Llamar por las mañanas al 91 458 74 15.*
 • *Se busca profesor/a de español para perfeccionar el idioma. Horario flexible. Llamar al 91 457 32 89.*
 • *Se necesita canguro para cuidar a un niño pequeño de cuatro años. Horario de tarde. Llamar al 651 154 147.*

5. • a) *adivina/futuróloga;* • b) *pintor;* • c) *camarero;* • d) *cartero;* • e) *tendero;* • f) *arquitecto;* • g) *fontanero;* • h) *pinchadiscos* o *disc-jockey;* • i) *mecánico;* • j) *cocinero.*

6. **Respuesta abierta.**

7. • *ha sido;* • *Me he levantado;* • *me he duchado;* • *he desayunado;* • *se ha estropeado;* • *He tomado;* • *me he acordado;* • *he pedido;* • *he salido;* • *ha venido;* • *Me he sentado;* • *he oído;* • *ha dicho;* • *Me he levantado;* • *he visto.*
 • **Respuesta abierta.**

8. **Respuesta modelo:**
 Hoy, en clase, la profesora me ha preguntado qué he hecho esta semana y he respondido que he salido de excursión a Toledo y que he conocido la ciudad y he hecho amigos españoles.

9. **Respuesta abierta.**

10. • a) *¿La has visto?* • b) *¿Se la has contado?* • c) *¿Se lo has leído?* • d) *¿Les has llamado por teléfono?* • e) *¿Se lo ha prestado?* • f) *¿Se lo has presentado?* • g) *¿Lo has recogido…?* • h) *¿Las has reservado…?*

PRONUNCIACIÓN

11. **Respuesta abierta.**

UNIDAD 8

1. **Respuesta abierta.**

2. **Respuesta modelo:**
 • *medicamento (aspirina, pastilla, jarabe);* • *hospital (ambulancia, enfermero, quirófano, operación, recuperación).*

3. **Respuesta modelo:**
• *El hijo de la infanta Elena tiene la nariz de su madre y el pelo de su mismo color.* • *Javier Bardem tiene los ojos de su madre y la expresión de la boca es igual que la de su madre.*

4. **Respuesta abierta.**

5. **Respuesta modelo:**
• *Vicente tiene fiebre, más de 38º.* • *A Marta le duelen los pies, ha caminado mucho.* • *José y Pilar tienen dolor de cabeza.* • *Carmen está resfriada.* • *A mis amigos les duele el estómago, han comido mucho.*

6. • **Diálogo a:** *Intervienen madre e hija y a la madre le duele la muela y un poco el oído.* • **Diálogo b:** *Intervienen un hombre y una mujer y el hombre no quiere llevar más tiempo la pierna con yeso.* • **Diálogo c:** *Intervienen una enfermera, un hombre y un doctor y al hombre le duele la garganta, la cabeza y todo el cuerpo.* • **Diálogo d:** *Intervienen una mujer y su hija y a la mujer le duele la espalda.* • **Diálogo e:** *Intervienen un hombre y su hijo y al chico le duele el pie.*
• **Relación diálogos-ilustración:** • **diálogo a:** *ilustración 3;* • **diálogo b:** *ilustración 4;* • **diálogo c:** *ilustración 1;* • **diálogo d:** *ilustración 2;* **diálogo e:** *ilustración 5.*

7. **Respuesta modelo:**
• a) *Pues, quédate en casa.* • b) *Pues, sal con unos amigos.* • c) *Pues, estudia.* • d) *Pues, ve con unos amigos.* • e) *Pues, ve a la montaña.* • f) *Pues, tómate un café.* • g) *Pues, alquila una película.* • h) *Pues, ve a la piscina.*

8. **Respuesta modelo:**
Si trasnochas el viernes, no es bueno dormir toda la mañana. Levántate y duerme un poco de siesta. Sal a la calle y pasea al sol, entra en contacto con la Naturaleza. Haz deporte.

9. • a) *Da;* • b) *Queda;* • c) *Sal;* • d) *Lee;* • e) *Compra;* • f) *Organiza;* • g) *Escucha;* • h) *Duerme.*

10. **Respuesta abierta.**

11. **Respuesta modelo:**
• *–En mi país nunca hay niebla. / –Pues, en el mío, sí.* • *–En mi país nunca hay inundaciones. / –Pues, en el mío, tampoco.* • *–En mi país nunca hay tornados. / –Pues, en el mío, sí...*

12. **Respuesta modelo:**
• *En Barcelona hoy está un poco nublado y hace un poco de frío. La temperatura mínima es de 8º y la máxima de 16º. Para mañana hace sol.* • *En Madrid hoy hace sol y un poco de frío. La temperatura mínima es de 6º y la máxima de 10º. Mañana puede llover.* • *En Toronto hoy hace sol y mucho frío. La temperatura mínima es de 0º y la máxima de 5º. Pero mañana puede hacer sol.* • *En Moscú hoy nieva y mañana también. La temperatura mínima es de 3º y la máxima de -2º. Hace mucho frío.*

13. • **Estación:** a) *verano;* b) *invierno;* c) *otoño;* d) *primavera.*
• **Frases:** a) *¡Qué calor!* ; b) *¡Cómo nieva!;* c) *¡Qué viento!;* d) *¡Qué buen día hace!*
• **Qué hacen las personas:** a) *Está tomando el sol y bebiendo un refresco en una isla.* b) *Están jugando en la nieve.* c) *Están volando por culpa del viento.* d) *Está pescando.*

14. **Respuesta modelo:**
Hola Carlos:
Me alegro de que te lo estés pasando bien. Yo estoy en Madrid, estudiando español. Por la mañana voy a la facultad y por la tarde estudio en la biblioteca. Los fines de semana salgo de excursión con mis compañeros de clase y vamos a alguna ciudad bonita y por la noche salimos a tomar una copa o vamos al cine. Esta es mi vida en España.
Espero verte pronto.
Saludos,
Juan

PRONUNCIACIÓN

15. • **agudas:** *café; español; reloj;* • **llanas:** *deporte; Sevilla;* • **esdrújulas:** *rápido; termómetro.*

16. • **agudas:** *café; español; canción; menú; opinión; invitación; dolor; corazón;* • **llanas:** *semana; rojo; banco; mañana; cabeza; otoño; fruta;* • **esdrújulas:** *teléfono; electrodoméstico; médico; película; informático; estómago; artículo.*

UNIDAD 9

1. • **Tipos de alojamiento:** • 1) *apartamento;* 2) *camping;* 3) *hotel;* 4) *pensión;* 5) *caravana.*
• **Medios de transporte:** 1) *avión;* 2) *autocar;* 3) *tren;* 4) *barco;* 5) *bicicleta;* 6) *coche;* 7) *moto.*

2. • **Primer día:** *Nos levantamos; empezó; salió; llegó; compramos; cogimos; estuvimos.*
• **Segundo día:** *llegamos; tuvimos; estuvimos; cogimos.*
• **Tercer y cuarto día:** *Llegamos; fuimos; compramos; tuvo; compró; tuvo.*
• **Quinto día:** *llegamos; hemos estado.*
• **Sexto día:** *salió; tuvimos.*
• **Séptimo día:** *ha terminado/terminó; hemos llegado/llegamos.*

3. **Respuesta abierta.**

4. **Respuesta abierta.**

5. • **Pedro:** *Esquí en verano.* • **María:** *Madrid y Toledo a su alcance.* • **Juan y Luisa:** *Ven a Chacuita, Costa Rica.* • **José, Mariano y Federico:** *El mundo a tus pies.*

6. **Respuesta modelo:**
   • *Quiero ir a Mallorca porque es el viaje más barato y no tengo mucho dinero. Ofrecen media pensión y me llevan al hotel. Por otra parte, me gustan mucho las Islas Baleares y me gusta tomar el sol en la playa y salir de marcha por las noches.*
   • *H. Sol ** Mallorca / 1 de junio de 2003.*
   • *Estimados señores:*
   He visto su oferta para viajar a Mallorca y estoy interesado. Quiero saber cuál es el itinerario concreto del viaje, los horarios de los aviones, qué precio tienen las tasas del aeropuerto, y cuánto puede variar el precio del viaje en los primeros 15 días de agosto.
   Sin otro motivo, me despido atentamente y agradezco su atención.
   Un saludo,
   Antonio Gómez

7. • *Tiene que ir a la agencia para reservar el billete de avión. Tiene que ir al médico para vacunarse. Piensa salir a comprar cosas que necesita para el viaje (ropa, carretes de fotos, insecticida, medicamentos, etc.). Tiene que preparar la fiesta de despedida con sus amigos.*
   • **Respuesta abierta.**

8. • *Tienes que ir al mostrador de «reclamación de equipajes», rellenar un impreso y apuntar la descripción de tus maletas. Tienes que señalar el modelo, el tamaño, el color y la marca. Los datos personales, la dirección, el número de teléfono y el vuelo que has cogido.*

9. • **Objetos hispanos:** a) *sombrero mexicano;* • b) *porrón español;* • c) *boleadoras;* • d) *mate;* • f) *puro.*
   • **Origen de los objetos:** a) *México;* • b) *España;* • c) *Argentina;* • d) *Argentina;* • e) *Reino Unido;* • f) *Cuba;* • g) *Rusia.*
   • **Respuesta modelo:**
   Compré un sobrero vaquero y unas botas de cowboy *cuando estuve de viaje en Texas, Estados Unidos, el verano pasado.*

10. • *perdió;* • *comió;* • *besó;* • *se acostó.*

PRONUNCIACIÓN

11. **Respuesta abierta.**

12. • *Paco;* • *come;* • *meter;* • *tercero;* • *roto;* • *tocar;* • *carta;* • *taza.*

UNIDAD 10

1. • **Respuesta modelo:**
   Antes no conocía a ningún actor español y ahora todas las semanas voy a ver una película española a los cines del centro de la ciudad.
   • **Respuesta modelo:**
   Antes comía a las 12 h y ahora como como los españoles, sobre las 2.30 h.

2. **Respuesta modelo:**
   • b) *Cuando eran novios tenían tiempo para pasear y divertirse y ahora solo tienen tiempo para trabajar y arreglar la casa.* • c) *Cuando trabajaba no tenía tiempo para ir a bailar con su mujer y ahora que se ha jubilado tiene tiempo para bailar y divertirse.* • d) *Cuando era pobre no podía viajar; ahora que le ha tocado un premio de la lotería tiene tiempo y dinero para viajar.* • e) *Cuando era estudiante tenía tiempo para quedar con los amigos; ahora que ha empezado a trabajar no tiene tiempo para ir con los amigos.*

3. **Respuesta modelo:**
   • b) *Entonces no había gafas de sol.* • c) *Los romanos no iban a manifestaciones.* • d) *En los años sesenta no había chicos con ropa tan moderna.*

4. **Respuesta modelo:**
   Alumno A: *Una fecha importante para mi es el 7 de febrero de 1996, recibí la nota del proyecto de fin de carrera. Era invierno, llovía mucho aquel día y yo estaba buscando un trabajo y claro, me puse muy contento. Y tú, ¿qué hacías en esa fecha?*
   Alumno B: *Pues, yo creo que en febrero de 1996 estaba viviendo en Londres, estaba haciendo un curso de inglés.*

5. • *gustaba;* • *Quería;* • *tenía;* • *trabajaba;* • *estudiaba;* • *salía;* • *veía;* • *escribió/escribía;* • *quería;* • *salía;* • *aparecía;* • *iba;* • *podía;* • *tenía;* • *dejaban;* • *quería;* • *Era.*

6. • *El texto se corresponde con la foto* a. • *Los coches, la gente, el tráfico.*
   • *Modernizó su imagen. Empezaron a funcionar los nuevos tranvías eléctricos y después circuló el primer automóvil. Aumentó su población y después se creó el metro. Introdujeron las famosas uvas de la suerte.*
   • **Expresiones sinónimas:** *Madrid* (*La ciudad; las calles de la capital*); • *madrileños* (*la gente de Madrid; habitantes; ciudadanos*); • *desplazarse* (*realizar sus viajes*).

7. **Respuesta abierta.**

8. **Respuesta abierta.**

9. • *dejaban;* • *dejaban;* • *podíamos;* • *queríamos;* • *pueden;* • *pueden.*

10. Respuesta modelo:
Era verano, hacía mucho calor, estaba en mi casa tumbada en el sofá leyendo una revista. Estaba sola cuando sonó el teléfono y me invitaron a una fiesta en una casa de un amigo que tenía piscina. Fue la mejor fiesta de mi vida.

11. • *Se trata de un partido de fútbol y se refiere al dibujo.*

PRONUNCIACIÓN

12. Respuesta modelo:
• *L: leer/lechuga/leotardos/Londres/lila/labios.*

13. • *Queso;* • *cena;* • *quiero;* • *cielo;* • *jefe;* • *gente;* • *jarabe;* • *corbata;* • *casa.*

ASÍ ME GUSTA 1. **A Spanish Course**
Authors: **Estrella López, Carme Albornés, Vincenta González y Miguel Llobera**

Editorial Director: **Raquel Varela**
Proofreaders (Spanish): **Mercedes Serrano Parra y Gala Arias Rubio**
English Translation: **Michael De Grande**

Graphic Concept: **Zoográfico, S. L.**
Layout: **Evolution, S. L.**
Illustrations: **Beatriz de Pedro, Jaume Bosch, Juliana Serri, Pepe Pardo, Hacienda el león, Vicente Baztán y Maite Ramos**
Recording: **Fonográficas Damitor, S. L.**

The authors and publisher wish to express their gratitude to the following persons and institutions for their contributions to the development of Así Me Gusta 1:

Proposal Review: **María Luisa Coronado, María Luisa Alarcón, Álvaro García Santa Cecilia, Pilar Salamanca y Claudia Jacobi**

Field Testing: **Jovi Díaz, Maria Lluïsa Sabater, Marjo Eurlings, María Angélica Silva Camus y Talita Aguilar**

Photographs:
Contacto (Agatha Ruiz de la Prada fashion show, AFP / Contacto; Agatha Ruiz de la Prada, Merlin / G. Neri / Contacto; Albert Costa, AFP / Contacto; Raúl González, AFP / Contacto; Adolfo Domínguez fashion show, AFP / Contacto; Isabel Allende, M. Merlin / G. Neri / Contacto; Antonio Banderas, Contacto). Cover (Toni Miró / Cover; Toni Miró fashion show / Cover; Adolfo Domínguez / Cover).